T0209514

essentials

essentials liefern aktuelles Wissen in konzentrierter Form. Die Essenz dessen, worauf es als „State-of-the-Art" in der gegenwärtigen Fachdiskussion oder in der Praxis ankommt. *essentials* informieren schnell, unkompliziert und verständlich

- als Einführung in ein aktuelles Thema aus Ihrem Fachgebiet
- als Einstieg in ein für Sie noch unbekanntes Themenfeld
- als Einblick, um zum Thema mitreden zu können

Die Bücher in elektronischer und gedruckter Form bringen das Expertenwissen von Springer-Fachautoren kompakt zur Darstellung. Sie sind besonders für die Nutzung als eBook auf Tablet-PCs, eBook-Readern und Smartphones geeignet. *essentials:* Wissensbausteine aus den Wirtschafts-, Sozial- und Geisteswissenschaften, aus Technik und Naturwissenschaften sowie aus Medizin, Psychologie und Gesundheitsberufen. Von renommierten Autoren aller Springer-Verlagsmarken.

Weitere Bände in der Reihe http://www.springer.com/series/13088

Thomas Kottmann · Kurt Smit

Von einer Wettbewerbs- zu einer Kooperationskultur

Ein Modell zur Stärkung des Kooperationsverhaltens in Unternehmen

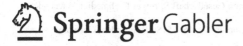

Thomas Kottmann
Kottmann & Partner
Paderborn, Deutschland

Kurt Smit
Kottmann & Partner
Paderborn, Deutschland

ISSN 2197-6708   ISSN 2197-6716   (electronic)
essentials
ISBN 978-3-658-23602-1   ISBN 978-3-658-23603-8   (eBook)
https://doi.org/10.1007/978-3-658-23603-8

Die Deutsche Nationalbibliothek verzeichnet diese Publikation in der Deutschen Nationalbibliografie; detaillierte bibliografische Daten sind im Internet über http://dnb.d-nb.de abrufbar.

Springer Gabler
© Springer Fachmedien Wiesbaden GmbH, ein Teil von Springer Nature 2019

Springer Gabler ist ein Imprint der eingetragenen Gesellschaft Springer Fachmedien Wiesbaden GmbH und ist ein Teil von Springer Nature
Die Anschrift der Gesellschaft ist: Abraham-Lincoln-Str. 46, 65189 Wiesbaden, Germany

Für unsere Ehefrauen Christiane Kottmann und Ellen Smit, die uns den Raum geben, die Leidenschaft, für das was wir tun, auch ausleben zu können

Inhaltsverzeichnis

Über die Autoren

Thomas Kottmann
Nach seinem Studium zum Betriebswirt BTE war Thomas Kottmann 13 Jahre in der Geschäftsführung führender Häuser des Textileinzelhandels tätig. Anschließend studierte er in Paderborn Betriebswirtschaftslehre und gründete im Jahre 1989 das Trainings- und Beratungsunternehmen Kottmann & Partner. Die Schwerpunkte seiner Arbeit als Trainer und Coach liegen in den Bereichen Persönlichkeitsentwicklung, Führung, Konflikt- und Teammanagement. Im Jahre 2010 veröffentlichte er als Co-Autor das Buch „about coaching", in dem Coachees Einblicke gewähren, was sie im Coaching erlebt und durch Coaching erreicht haben.

Dr. Kurt Smit

Im Anschluss an sein Studium der Physik promovierte Dr. Kurt Smit am Max-Planck-Institut für Strahlenchemie. Ab 1993 entwarf und implementierte er Rechnernetze für die Bertelsmann AG. 1995 war er Gründungsmitglied des Internet Service Providers media Ways (später Telefonica Deutschland) und verantwortete fortan den Bereich Technologie. Bis zu seinem Ausscheiden im Jahre 2009 war er Mitglied der Geschäftsleitung mehrerer Bertelsmann-Unternehmen und Berater des Vorstandes. Seit 2010 ist Dr. Smit im Unternehmen Kottmann & Partner tätig und verantwortet dort die wissenschaftliche Leitung. Hier liegen seine Schwerpunkte im Bereich Führungskräfteentwicklung, Unternehmensethik und -organisation.

Einleitung

Jedes Jahr verlieren Unternehmen Milliarden Euro, weil nach wie vor ein internes Wettbewerbsdenken das Handeln und damit die Kultur prägt. Falsche Anreizsysteme und Führungskräfte, die sich mit Misstrauen und Konkurrenzdenken begegnen, verschärfen die Situation zusätzlich.

Dieses Verhalten stellt nicht gerade eine Ermutigung für das Umfeld dar, vertrauensvoll und kooperativ miteinander umzugehen. Nicht selten unterschätzen Führungskräfte ihren unmittelbaren Einfluss auf die Kultur des Unternehmens. Stattdessen überlässt man in vielen Unternehmen Nehmertypen den Raum, das Klima zu prägen – häufig verbunden mit einem besorgniserregenden Anstieg von psychischen Erkrankungen.

Zahlreiche Studien zeigen, dass Depressionen bereits heute in den Industrienationen zu den Erkrankungen gehören, denen ein erheblicher Verlust an gesunden Lebensjahren zuzuschreiben ist. Hält der Trend zu steigenden Erkrankungszahlen an, könnten Depressionen bis zum Jahre 2030 in den Industrienationen zur häufigsten Krankheit werden (DAK Gesundheit, 2017). Fehlzeiten aufgrund von psychischen Erkrankungen sowie eine dadurch nur schwer zu quantifizierende verminderte Produktivität sind sowohl für einzelne Unternehmen als auch volkswirtschaftlich von erheblicher Bedeutung und sollten Anlass zum Nachdenken und Handeln geben.

Eine weitere Entwicklung, von Gallup-Studien beleuchtet, ist aus Unternehmenssicht besorgniserregend. Der Gallup Engagement Index ist Deutschlands renommierteste und umfangreichste Studie zur Arbeitsplatzqualität. Regelmäßig geht es in der Bestandsaufnahme um die Frage: Wie ist es um den „Faktor Mensch" in deutschen Unternehmen bestellt? Immer noch stagniert der Anteil der

© Springer Fachmedien Wiesbaden GmbH, ein Teil von Springer Nature 2019
T. Kottmann und K. Smit, *Von einer Wettbewerbs- zu einer Kooperationskultur,*
essentials, https://doi.org/10.1007/978-3-658-23603-8_1

Arbeitnehmer bei 15 %, die eine hohe emotionale Bindung an ihr Unternehmen aufweisen und dementsprechend mit Herz und Verstand bei der Arbeit sind. Ebenso viele Arbeitnehmer haben innerlich gekündigt. 70 % der Beschäftigten sind emotional gering gebunden und machen lediglich Dienst nach Vorschrift[1]. Was für ein gigantisches Potenzial und was für ein eindeutiger Auftrag an Menschen mit Führungsverantwortung!

Die Dauer der Betriebszugehörigkeit eines Mitarbeiters und dessen Produktivität hängen in erster Linie vom Führungsverhalten des direkten Vorgesetzten ab. Dieser bestimmt maßgeblich mit, ob sich seine Mitarbeiter selbstständig und eigenverantwortlich verhalten und mit hoher intrinsischer Motivation und kreativer Gestaltungskraft als „Mitunternehmer" identifizieren.

Der Aufwand, eine Kooperations- und Vertrauenskultur zu implementieren, die den Namen verdient, ist eine Investition in die Zukunft von der alle partizipieren. Es bedarf eines strukturierten Prozesses, der von Führungskräften begleitet wird, die für sich als oberste Aufgabe erkennen, eine solche Kooperationskultur zu etablieren und nachhaltig aufrechtzuerhalten. Hierbei bedingen sich die Produktivität und eine lebenswerte Arbeitswelt gegenseitig. Mit unseren nachfolgenden Ausführungen möchten wir einen Beitrag leisten, den ernüchternden und erschreckenden Zahlen etwas Ermutigendes entgegenzusetzen.

Seit der Recherche für unser Buch „Führungsethik" (Kottmann/Smit, 2014) und der Auseinandersetzung mit den Studien des amerikanischen Organisationspsychologen Adam Grant ist etwas passiert, dass wir so auch nicht ansatzweise erwartet hätten.

Aufbauend auf den Erkenntnissen Grants gelang es uns, mithilfe der Spieltheorie ein Verfahren zu entwickeln, wie man das Kooperationsverhalten in Unternehmen messen kann. Die Diskussion Kooperationskultur vs. Wettbewerbskultur fand nach und nach einen immer größeren Resonanzboden in Unternehmen. Die Kultur im eigenen Hause wurde hinterfragt, die Bereitschaft, sich einer Messung zu stellen, die das Kooperationsverhalten aufzeigt, ging mit der Überzeugung einher, dass nicht nur das Miteinander verbessert, sondern gleichzeitig die Produktivität gesteigert werden kann.

---

[1]http://www.spiegel.de/wirtschaft/unternehmen/gallup-studie-17-prozent-der-arbeitnehmer-haben-innerlich-gekuendigt-a-961667.html.

Wir beobachteten, dass in einer Vertrauens- und Kooperationskultur das Wissen und die Erfahrung innerhalb des Unternehmens geteilt werden, Mitarbeiter sich gegenseitig unterstützen, voneinander lernen und sich somit bereichern. Über Jahre gepflegtes Bereichsdenken und Misstrauen, sich nach allen Seiten abzusichern, verblassten langsam. Kräftezehrenden Machtkämpfen, die vor dem Kulturwandel an der Tagesordnung waren und je nach Intensität und Mentalität der Protagonisten einen hohen Preis forderten, stand nun ein befruchtendes Miteinander gegenüber, das nicht nur die Leistungsfähigkeit des Einzelnen, sondern auch seine Lebensqualität verbesserte.

Kooperationsverhalten und beruflicher Erfolg

2

2.1 Kooperationsgewinn

Bevor wir uns im dritten Kapitel ausführlich damit beschäftigen, warum das Kooperationsverhalten innerhalb des Unternehmens einen erheblichen Einfluss auf die Produktivität hat, soll dieser Sachverhalt kurz qualitativ beleuchtet werden.

Denken Sie dabei einmal an Situationen, in denen Sie einen Kollegen, Freund oder Nachbarn um Hilfe gebeten haben. Dann haben Sie ihn höchstwahrscheinlich deshalb um Unterstützung gebeten, weil er oder sie etwas weiß, das Sie erst aufwendig recherchieren müssten oder über eine Fähigkeit verfügt, die Sie sich erst mühsam aneignen müssten. Oder es ging einfach darum, dass Sie eine Aufgabe erledigen mussten, die alleine nicht oder nur sehr umständlich zu bewältigen war – z. B. das Anheben eines schweren Gewichtes.

Man kann es folgendermaßen auf den Punkt bringen:

▶ Wenn Sie jemanden um Unterstützung bitten, so ist sein Aufwand, Ihnen zu helfen deutlich geringer, als wenn Sie es selbst tun müssten.

Dies kann sogar der Fall sein, wenn beide Parteien über das gleiche Wissen und die gleichen Fähigkeiten verfügen – nämlich dann, wenn der eine gerade Zeit hat, während der andere bis über beide Ohren in Arbeit steckt. Dann ist für Letzteren die Ressource Zeit viel wertvoller als für Ersteren.

Wenn sich nun zwei Personen *gegenseitig* unterstützen – dies nennt man Kooperation –, so entsteht für beide Seiten ein Kooperationsgewinn (siehe Abb. 2.1). Denken Sie dabei zum Beispiel an zwei Lagerarbeiter. Der eine erhebt sich vom Schreibtisch und teilt dem anderen mit, dass er ein Ersatzteil aus dem Lager holen will. Der andere bittet ihn daraufhin, ein weiteres Teil aus dem Lager

© Springer Fachmedien Wiesbaden GmbH, ein Teil von Springer Nature 2019
T. Kottmann und K. Smit, *Von einer Wettbewerbs- zu einer Kooperationskultur,*
essentials, https://doi.org/10.1007/978-3-658-23603-8_2

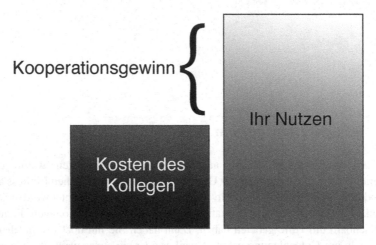

Abb. 2.1 Kooperationsgewinn bei gegenseitiger Hilfe. (Quelle: eigene Darstellung)

mitzubringen. Einige Zeit später passiert das Gleiche in umgekehrter Besetzung. Wenn die beiden Lagerarbeiter sich gegenseitig unterstützen, indem sie der Bitte ihres Kollegen nachkommen, so werden durch zwei Gänge ins Lager vier Ersatzteile herbeigeschafft, wofür die beiden Arbeiter vier Gänge benötigen würden, wenn sie sich nicht unterstützen. Kooperation bewirkt also, dass man mehr schafft, ohne dass jemand mehr arbeiten muss.

Wenn die Unternehmensführung ein Klima schafft, das die Mitarbeiter dazu bewegt, sich kooperativ zu verhalten, so können wir an dieser Stelle bereits qualitativ feststellen, dass sich dies positiv auf die Unternehmensproduktivität auswirken wird. Eine quantitative Betrachtung und die Antwort auf die Frage, wie man ein solches Klima erzeugt, folgen in Kap. 3.

2.2   Kooperationsstrategien

Bei der Entscheidung, ob man jemanden unterstützen möchte, kann man unterschiedliche Kooperationsstrategien anwenden (Grant, 2013). Diese Kooperationsstrategien werden auch häufig als Reziprozitätstypen bezeichnet. Man unterscheidet vier Grundtypen (siehe Abb. 2.2):

Der selbstlose Geber

Unterstützt immer.

Der frembezogene Geber

Unterstützt, lässt sich
aber nicht ausnutzen.

Der Tauscher

Unterstützt, wenn er mindestens
seinen Einsatz zurück bekommt.

Der Nehmer

Versucht für sich das Maximum
auf Kosten anderer heraus zu holen.

Abb. 2.2 Die vier Kooperationsstrategien im Überblick. (Quelle: eigene Darstellung)

Der *Nehmer* unterstützt andere dann, wenn er davon überzeugt ist, dass er eine Gegenleistung erwarten kann, die seinen Aufwand für die Unterstützung deutlich überkompensiert. Der Nehmer erwartet also, durch die Interaktion mit seinen Kollegen einen deutlichen persönlichen Gewinn zu erzielen. Er ist klar profitorientiert. Dabei ist es für den Nehmer nicht sonderlich relevant, wie es dem anderen bei der Interaktion ergeht, d. h. er verfolgt praktisch ausschließlich sein Eigeninteresse, während die Interessen des anderen (Fremdinteresse) für ihn so gut wie keine Rolle spielen. Für den Nehmer ist der andere ein Objekt, das er nutzen kann, um seinen persönlichen Nutzen daraus zu ziehen.

Der *Tauscher* möchte mindestens seinen Aufwand für seine Unterstützung als Gegenleistung zurückerhalten. Er möchte also verhindern, als Verlierer aus der Interaktion mit Kollegen hervorzugehen. Im Gegensatz zum Nehmer legt er es jedoch nicht darauf an, seinen Profit um jeden Preis zu maximieren. Ein faires Geschäft, bei dem er einen kleinen Gewinn einfährt, ist für ihn das Ziel. Daher stammt auch seine Bezeichnung: Wenn zwei Menschen etwas tauschen, ist für den einen das, was er gibt, weniger wert, als das, was er erhält – und umgekehrt. Beide Dinge haben jedoch in etwa den gleichen Wert, gemessen beispielsweise am Aufwand, den getauschten Gegenstand herzustellen oder zu beschaffen. Der Tauscher hat in erster Linie sein Eigeninteresse im Blick – er möchte verglichen mit dem, was er gibt, etwas für ihn Wertvolleres zurückerhalten. In zweiter Linie berücksichtigt er jedoch auch das Fremdinteresse – der andere soll schließlich etwas Adäquates erhalten.

Während der Tauscher und der Nehmer davon überzeugt sein müssen, ihren Aufwand mindestens (Tauscher) oder deutlich verzinst (Nehmer) als Gegenleistung zurück zu erhalten, müssen die nun folgenden beiden Gebertypen davon überzeugt sein, dass ihr Aufwand für die Unterstützung deutlich geringer ist, als der Ertrag für den anderen. Geber spekulieren also nicht auf eine Gegenleistung. Das ist genau das Szenario, das wir weiter oben im Zusammenhang mit Kooperation beschrieben haben.

Ein *fremdbezogener Geber* verhält sich zunächst einmal kooperativ. Er ist zufrieden, wenn der andere viel Aufwand und Mühe einspart, indem er ihm mit vergleichsweise geringem Aufwand hilft. Doch wenn sich der andere im Verlauf weiterer Interaktionen als Nehmer erweist und sich der fremdbezogene Geber ausgenutzt fühlt, so findet seine Bereitschaft zur Unterstützung ein Ende. Der fremdbezogene Geber begegnet seinen Mitmenschen zunächst mit Vertrauen und solange dieses Vertrauen nicht enttäuscht wird, verhält er sich kooperativ. Er weigert sich, das eigene Verhalten zu generalisieren und passt es ganz individuell dem Verhalten des anderen an. Verallgemeinerungen gegenüber einer bestimmten Gruppe von Menschen liegen dem fremdbezogenen Geber fern. Stattdessen orientiert er sich am individuellen Verhalten. Er hat zunächst das Fremdinteresse im Blick („wenn der Gewinn des anderen größer ist als mein Aufwand, dann unterstütze ich gerne"), vernachlässigt jedoch nicht sein Eigeninteresse, indem er sich nicht ausnutzen lässt.

Der *selbstlose Geber* unterstützt andere selbst dann, wenn sie ihn ausnutzen. Er ist ein harmoniebedürftiger Mensch, der das Wohlwollen seiner Kollegen nicht durch das Verweigern seiner Unterstützung aufs Spiel setzen möchte. Der selbstlose Geber fokussiert sich ausschließlich auf das Fremdinteresse – sein Eigeninteresse bleibt dabei auf der Strecke. Er strampelt sich ab, um es allen recht zu machen, wobei seine eigene Arbeit häufig liegen bleibt. Vor diesem Hintergrund ist es einleuchtend, dass unter selbstlosen Gebern die höchsten Burn-out-Raten zu verzeichnen sind (Grant, 2013). Natürlich sind selbstlose Geber liebenswürdige Menschen. Ihre Strategie ist für Nehmer jedoch sehr förderlich, denn Letztere können die selbstlosen Geber ungehemmt ausnutzen und dabei große Gewinne einfahren. Mit anderen Worten: selbstlose Geber sind das Futter der Nehmer und fördern so deren Verhalten. Besonders interessant ist an dieser Stelle, dass fremdbezogene Geber die niedrigsten Burn-out-Raten aufweisen – also noch niedriger als die von Tauschern und Nehmern.

Der amerikanische Organisationspsychologe Adam Grant ging der Frage nach, in welchem Zusammenhang das Kooperationsverhalten mit dem beruflichen Erfolg steht. Er führte eine Vielzahl von Studien durch, die er in seinem Buch „Geben und

Nehmen" zitiert[4]. Um die Korrelation zwischen Erfolg und Kooperationsverhalten zu untersuchen, entwickelte er zunächst einen Test, mit dem er die Verhaltenstendenz des Probanden im beruflichen Umfeld grob ermitteln konnte. Dieser Test bestand aus einer Reihe von Szenarien mit der Frage, wie der Proband in der jeweiligen Situation reagieren würde. Die Antworten waren vorgegeben und konnten per Multiple-Choice-Verfahren ausgewählt werden. Nachdem Grant so den Reziprozitätstypen des Probanden bestimmt hatte, brauchte er noch messbare Kriterien für Erfolg, die er im Test anonym abfragte. Natürlich kann man darüber streiten, was Erfolg eigentlich bedeutet. Im beruflichen Umfeld definierte Grant die folgenden Kriterien: Gehalt (die Probanden kreuzten an, in welchem Bereich ihr Gehalt lag), Position auf der Karriereleiter (Vorstand, Geschäftsführer, Bereichsleiter, …, Mitarbeiter), bei Vertriebsmitarbeitern definierte er den Umsatz als Erfolgskriterium und bei Studenten deren Noten. In allen Fällen erhielt er den gleichen Zusammenhang zwischen Kooperationsverhalten (Reziprozitätstyp) und Erfolg (siehe Abb. 2.3): Fremdbezogene Geber sind

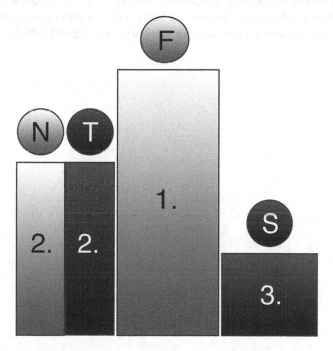

Abb. 2.3 Der berufliche Erfolg der vier Kooperationsstrategien nach Adam Grant (S = selbstloser Geber, F = fremdbezogener Geber, T = Tauscher, N = Nehmer). (Quelle: eigene Darstellung)

statistisch die erfolgreichsten Typen im Berufsleben. Interessanterweise konnte Grant den Erfolg von Tauschern und Nehmern nicht voneinander unterscheiden – sie landeten auf den mittleren Stufen der Karriereleiter. Das Schlusslicht bildeten die selbstlosen Geber.

Ursprünglich hatte Grant lediglich drei Reziprozitätstypen voneinander unterschieden: Geber, Tauscher und Nehmer. Er erhielt das zunächst verwirrende Ergebnis, dass Geber sowohl ganz oben als auch ganz unten auf der Karriereleiter stehen. Erst im Nachgang untersuchte er, worin der Unterschied zwischen dem erfolgreichen und erfolglosen Gebertyp besteht.

Dieses Ergebnis ist ein statistisches Ergebnis. Das heißt, dass sich jeder der vier Typen an einer beliebigen Stelle der Erfolgsleiter befinden kann. Es existiert jedoch eine klare statistische Häufung der vier Typen an den oben beschriebenen Positionen. Mit anderen Worten:

▶ Wenn Sie sich wie ein fremdbezogener Geber verhalten, so steigt die Wahrscheinlichkeit Ihres beruflichen Erfolges an, wenn Sie sich eher selbstlos verhalten, so besteht das Risiko, dass Sie dabei ausgenutzt werden, ausbrennen und dass Ihre Karriere nur schleppend verläuft.

Spieltheorie – eine quantitative Beschreibung des Kooperationserfolgs

3

3.1 Grundlagen

Die Spieltheorie ist die mathematische Disziplin, die sich damit beschäftigt, welche Strategie in einem Spiel die größte Aussicht auf Erfolg hat. Dabei unterscheiden wir zunächst zwei Spieletypen, von denen der eine streng genommen ein Spezialfall des anderen ist.

Bei *Nullsummenspielen* gewinnt der eine exakt die Punkte, die der andere verliert. Die Summe der Punkte beider Spieler ist also immer gleich Null. Ein Beispiel für ein solches Spiel ist Schach: Wenn Weiß gewinnt, heißt das automatisch, dass Schwarz verliert und umgekehrt. Beim Schach gibt es kein Spielergebnis, bei dem beide Parteien zugleich gewinnen oder zugleich verlieren. Deshalb macht es überhaupt keinen Sinn, bei einem Nullsummenspiel zu kooperieren. Der andere ist der Gegner, den es zu schlagen gilt.

Bei *Nicht-Nullsummenspielen* kann die Summe der Punkte beider Spieler – je nach Spielergebnis – variieren. So können beide Spieler gewinnen, in dem Fall ist die Gesamtpunktzahl (A) beider Spieler am höchsten, einer kann gewinnen, einer verlieren, dann ist die Gesamtpunktzahl niedriger (B) oder beide können verlieren, woraus sich die niedrigste Gesamtpunktzahl (C) ergibt, d. h. A > B > C.

Wie wir bereits bei unseren qualitativen Betrachtungen im vorangegangenen Kapitel gesehen haben, ist die Zusammenarbeit im Berufsleben ein Nicht-Nullsummenspiel. Wenn sich zwei Kollegen gegenseitig unterstützen, d. h. kooperieren, so entstehen Kooperationsgewinne. Die Gesamtpunktzahl (A) ist also höher, als wenn sie sich die Unterstützung verweigern (C). Und selbstverständlich ist auch denkbar, dass der eine den anderen unterstützt, während der andere seine Unterstützung verweigert (B). Ein Beispiel wäre eine Interaktion zwischen einem selbstlosen Geber und einem Nehmer.

© Springer Fachmedien Wiesbaden GmbH, ein Teil von Springer Nature 2019
T. Kottmann und K. Smit, *Von einer Wettbewerbs- zu einer Kooperationskultur*, essentials, https://doi.org/10.1007/978-3-658-23603-8_3

3.2   Das Gefangenendilemma

Mathematisch kann ein solches Nicht-Nullsummenspiel durch die sogenannte Gefangenen-Dilemma-Tabelle (Abb. 3.1) modelliert werden.

Hintergrundinformation
Seinen Namen erhielt diese Tabelle durch folgende kleine Geschichte:
   In einer Stadt wird eine Bank ausgeraubt. Die Täter entkommen zunächst. Der Polizei fällt jedoch in einiger Entfernung von der Bank ein schnell und ziemlich rücksichtslos fahrendes Fahrzeug auf. Sie verfolgen und stoppen es. Im Kofferraum des Fahrzeugs befinden sich Schusswaffen und die beiden Insassen des Fahrzeugs sind polizeibekannt. Die Beute aus dem Bankraub wird jedoch nicht in dem Fahrzeug gefunden.
   Die beiden mutmaßlichen Täter werden nun getrennt voneinander vom Kommissar verhört. Er macht beiden folgendes Angebot: „Wenn Sie den Bankraub zugeben und Ihr Kumpane schweigt, so kommen Sie entsprechend der Kronzeugenregelung frei. Der andere erhält dann die Höchststrafe, weil er des Bankraubs überführt wurde und nicht geständig war."

Wenn beide dieses Angebot erhalten, wie sollen sie sich verhalten?

Wenn beide schweigen, so kann man sie nicht des Bankraubs überführen, sondern lediglich wegen rücksichtslosen Fahrens und unerlaubten Waffenbesitzes zu einer Bewährungsstrafe verurteilen. Beide wären also auf freiem Fuß. Dies wäre die zweitbeste Lösung für den Einzelnen, aber die beste Lösung für die Gemeinschaft der beiden Verdächtigen, dargestellt durch die jeweils drei Punkte im Quadranten oben links in Abb. 3.1.

Doch wenn man schweigt, so geht man das große Risiko ein, dass der andere auspackt, was zur Höchststrafe führen würde (null Punkte), während der Verräter ohne jede Strafe freikommt (das beste Ergebnis für den Einzelnen, fünf Punkte).

Abb. 3.1 Punkteschema
des Gefangenen-Dilemmas.
(Quelle: eigene Darstellung)

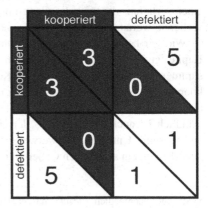

Wenn beide geständig sind, greift die Kornzeugenregelung für keinen der beiden. Sie erhalten dann eine moderate Haftstrafe, weil sie zwar des Bankraubs überführt, aber immerhin geständig waren. Dies ist die zweitschlechteste Lösung für beide, dargestellt durch den jeweils einen Punkt im Quadraten unten rechts der Abb. 3.1.

Die Antwort auf die Frage, wie man sich in der Situation der beiden Verdächtigen verhalten sollte, ergibt sich durch Analyse der Tabelle in Abb. 3.1:

Beide „Spieler" haben nur zwei Möglichkeiten: Sie können mit dem anderen kooperieren, d. h. schweigen, oder sie können die Kooperation mit dem anderen verweigern. Diese Verweigerung der Kooperation nennt man Defektion und sie bedeutet in unserem Fall zu „singen".

Fall 1: Wenn der andere kooperiert und man kooperiert ebenfalls, erhält man drei Punkte (Bewährungsstrafe), defektiert man jedoch, so erhält man fünf Punkte (Freispruch). Es wäre also besser zu defektieren.

Fall 2: Wenn der andere defektiert und man kooperiert, so erhält man null Punkte (Höchststrafe), also das schlechteste Ergebnis. Wenn man ebenfalls defektiert, erhält man zumindest einen Punkt (moderate Haftstrafe). Also ist auch in diesem Fall Defektion die bessere Strategie.

▶ **Fazit** Unabhängig davon, ob der andere kooperiert oder defektiert, Defektion ist immer die bessere Strategie. Wenn beide rational vorgehen, würde dies dazu führen, dass beide ins Gefängnis müssen, was für die Gemeinschaft der beiden die schlechteste Lösung wäre. Für die Gemeinschaft wäre es natürlich besser, wenn beide kooperiert hätten, dann wären beide auf freiem Fuß, was sich in der Tabelle durch gemeinsame sechs Punkte im oberen linken Quadranten der Abb. 3.1 ausdrückt. Diese Gesamtpunktzahl wird in keinem anderen Quadranten erreicht.

Darin besteht also das Dilemma: Rational agierende Akteure würden beide defektieren, was jedoch für die Gemeinschaft der beiden zum schlechtmöglichsten Ergebnis führt (Gesamtpunktzahl: 2).

Doch das Beispiel des Gefangenen-Dilemmas für das Nicht-Nullsummenspiel aus Abb. 3.1 scheint bezogen auf die Zusammenarbeit im Unternehmen ein wenig weit hergeholt. Schauen wir uns daher nun ein konkreteres Beispiel zur Herleitung der Tabelle in Abb. 3.1 an:

Diesmal sind unsere beiden Spieler keine potenziellen Bankräuber, sondern jeder möchte in seinem Garten eine Hütte bauen (Abb. 3.2).

Abb. 3.2 Kooperationsgewinn beim gemeinsamen Bau einer Hütte. (Quelle: eigene Darstellung)

Schauen wir uns die Bilanz jedes Spielers an: Wir legen den Wert (positiv in der Bilanz) einer Hütte willkürlich auf fünf Punkte fest. Die Kosten (negativ in der Bilanz) zum Errichten der Hütte müssen niedriger sein, sonst würde kein Mensch jemals eine Hütte bauen. Nehmen wir also die nächstkleinere natürliche Zahl, d. h. vier Punkte für die Kosten. Wenn die beiden Spieler nun miteinander kooperieren, d. h. zunächst die Hütte des einen und dann die Hütte des anderen bauen, so ergäben sich oberflächlich betrachtet Kosten in Höhe von zwei Punkten pro Person und Hütte. Doch dies wäre tatsächlich ein wenig zu oberflächlich gerechnet. Denn wenn man jemanden hat, der einen Balken festhält, während man ihn festnagelt, dann kann man sich ein aufwendiges Gestell sparen, um den Balken zu fixieren. Es ist auch viel einfacher, das Dach zu errichten, wenn man jemanden hat, der die Balken von unten nach oben anreicht.

Die tatsächlichen Kosten pro Person und Hütte müssen also im Falle der Unterstützung durch den anderen geringer als zwei Punkte sein. Nehmen wir also wieder die nächstkleinere natürliche Zahl: einen Punkt.

Kommen wir nun zur Analyse, abhängig vom Verhalten der beiden Spieler.

Fall 1: Die beiden Spieler kooperieren miteinander, d. h. einer hilft dem anderen beim Bau von dessen Hütte. Wie sieht dann der Kontostand der beiden aus? Jeder hat am Ende eine Hütte (Wert fünf Punkte) und er hatte einen Punkt Kosten für den Bau der eigenen Hütte und einen Punkt für die Unterstützung des anderen. In Summe macht das drei Punkte für jeden.

Fall 2: Wenn beide die Kooperation verweigern, hat am Ende jeder eine Hütte (fünf Punkte), er musste seine Hütte jedoch ziemlich aufwendig alleine bauen (Kosten vier Punkte), sodass sein Kontostand einen Punkt beträgt.

Fall 3: Interessant wird es, wenn einer kooperiert und der andere defektiert. Dann hat der Kooperierende eine Hütte, er musste jedoch vier Punkte aufbringen, um die eigene Hütte alleine zu bauen und obendrein kostete ihn die Mithilfe beim Bau der Hütte des anderen einen Punkt. Sein Kontostand beträgt somit null Punkte. Der Defektierende hat in diesem Fall ebenfalls eine Hütte (fünf Punkte), was ihn unter Mithilfe des anderen einen Punkt kostete und er hat den einen Punkt eingespart, den er sonst zur Unterstützung des anderen hätte ausgeben müssen. Dieser eine Punkt ist sozusagen ein Sonderbonus dafür, dass es ihm gelungen ist, den anderen über den Tisch zu ziehen. Seine Bilanz beläuft sich also auf fünf minus einem plus einem Punkt, also in Summe fünf Punkte.

Die Fälle 1–3 führen demnach zu den Punkten in der Gefangenen-Dilemma-Tabelle (Abb. 3.2). Auch wenn die Wahl der Punkte etwas willkürlich erscheint, so ist sie es bei genauerer Betrachtung nicht. Die Zahlen in Abb. 3.1 spiegeln genau die Verhältnisse wider, die weder Kooperation noch Defektion begünstigen – sie liegen quasi genau in der Mitte. Die genauere Analyse dieses Sachverhaltes würde hier zu weit führen.

Da Defektion aber für den Einzelnen die beste Strategie ist, heißt das nun, dass man im Umgang mit seinen Kollegen ständig defektieren sollte? Nein, Defektion ist die beste Strategie, wenn das durch Abb. 3.1 beschriebene Spiel nur einmal gespielt wird. Im Arbeitsleben spielt man jedoch jeden Tag aufs Neue dieses Spiel mit seinen Kollegen, verbunden mit der Überlegung, ob man unterstützen sollte oder nicht. Die Frage, die sich nun stellt, lautet daher: Was ist die beste Strategie, wenn das Gefangenen-Dilemma beliebig oft wiederholt gespielt wird?

3.3 Axelrods Computerturnier

Dieser Frage widmete sich der kanadische Politologe Robert Axelrod in seinem Buch „Die Evolution der Kooperation" (Axelrod, 2009). Leider kann man diese Frage nach der besten Strategie beim wiederholten Spiel nicht wie beim einfachen Spiel durch Analyse der Abb. 3.1 beantworten. Aus diesem Grunde veranstaltete Robert Axelrod ein Computerturnier. Er lud Wissenschaftler aus unterschiedlichen Fachbereichen dazu ein, ihm Strategien für das wiederholte

Gefangenendilemma zu schicken. Die Regeln lauteten verkürzt dargestellt: Die Historie des Spiels darf der jeweiligen Strategie bekannt sein (wer hat in welchem Spielzug kooperiert oder defektiert?), sie weiß aber nicht, was der andere Spieler im gegenwärtigen Spielzug tut (kooperieren oder defektieren). Eine Strategie wie „Tue einfach das, was der andere tut", war also verboten. Anhand der Kenntnis über den bisherigen Spielverlauf, soll die Computerstrategie dann entscheiden, was sie im gegenwärtigen Spielzug macht.

Das kann man sich folgendermaßen veranschaulichen: Zwei Kartenspieler haben jeweils beliebig viele rote und schwarze Spielkarten zur Verfügung. In jedem Spielzug legen sie gleichzeitig eine Spielkarte auf den Tisch. Schwarz bedeutet Kooperation, rot Defektion. Dann werden die Punkte nach der Tabelle aus Abb. 3.2 ausgezahlt.

Axelrod erhielt 14 Einsendungen und ließ jede Strategie gegen jede andere und gegen sich selbst spielen. Er fügte noch eine weitere Strategie hinzu: die Zufallsstrategie, die willkürlich in jedem Spielzug kooperiert oder defektiert. Die Punktzahl, die diese Zufallsstrategie erhielt, fungierte sozusagen als Nulllinie, denn eine Strategie musste schon ziemlich schlecht sein, um weniger Punkte als der absolute Zufall zu erhalten.

In dieser ersten Spielrunde der 14 + 1 Strategien gewann eine von Anatol Rapoport eingesandte Strategie deutlich. Also veröffentlichte Axelrod sämtliche Ergebnisse und forderte die Wissenschaftsgemeinde auf, ihm erneut Strategien zuzusenden, die jene Gewinnerstrategie Rapoports schlagen sollten. Diesmal schien das Thema deutlich interessanter zu sein, denn er erhielt nun 62 Strategien zugesandt. Es war jedoch wiederum die Strategie Rapoports, die die meisten Punkte erzielte. Aus diesem Grunde schauen wir uns diese Gewinnerstrategie nun etwas genauer an.

> **Übersicht**
> Es handelte sich um eine sehr einfache Strategie, die nur wenige Programmierzeilen erforderte. Sie lautete:
> **Kooperiere im ersten Zug**
> **Kopiere danach den vorausgegangenen Zug des anderen**

Der Name dieser Strategie lautet „Tit for Tat" (TfT).

3.4   Die erfolgreichste Kooperationsstrategie

Veranschaulichen wir uns das Verhalten von TfT wieder anhand des Kartenspiels. Nehmen wir dazu an, Spieler A verwendet TfT. Dann würde A im ersten Spielzug vertrauensvoll eine schwarze Spielkarte (=Kooperation) legen. Wenn B ebenfalls Schwarz gelegt hat, würde A im zweiten Zug wieder eine schwarze Karte legen. Wenn B jedoch eine rote Karte (=Defektion) gelegt hat, so würde A im darauf folgenden Zug ebenfalls Rot legen.

Natürlich ist es schwierig, eine in menschlicher Sprache formulierte Strategie mit einer spieltheoretischen Programmanweisung wie TfT zu vergleichen. Die Ähnlichkeit von TfT mit dem fremdbezogenen Geben ist jedoch frappierend. Letztere beginnt immer kooperativ (das bedeutet in die Sprache der Spieltheorie übersetzt: „Kooperiere im ersten Zug"), richtet ihr Verhalten jedoch nach dem anderen aus („Kopiere den vorausgegangenen Zug des anderen").

Wenn wir es uns nun zur Aufgabe machen, ein spieltheoretisches Modell zu entwerfen, um die Ergebnisse Grants quantitativ nachvollziehen zu können, so liegt es nahe, fremdbezogenes Geben mit TfT zu identifizieren. Abgesehen von der oben beschriebenen Ähnlichkeit haben wir auch gleich das spieltheoretische Ergebnis, dass fremdbezogenes Geben, gleichgesetzt mit TfT die erfolgreichste Strategie ist, d. h. an dieser Stelle beschreibt unser Modell schon mal die Wirklichkeit.

Schauen wir uns nun die Eigenschaften von TfT etwas genauer an:

1. TfT ist eine „nette" Strategie, denn sie defektiert niemals als erster. Solange der andere Spieler nicht auf die Idee kommt, eine rote Karte zu legen, würde TfT in jedem Zug Schwarz legen.
2. TfT ist „nicht nachtragend". Das bedeutet, wenn der andere Spieler eine rote Karte legt, so antwortet TfT zwar im nächsten Spielzug ebenfalls mit Rot, wenn sich der andere aber besinnt und wieder kooperiert (Schwarz legt), so würde auch TfT wieder zur Kooperation zurückkehren. Man kann sich übrigens auch eine „nette" Strategie vorstellen, die also niemals als erste defektiert, die aber sehr wohl nachtragend ist. Sie lautet: „Beginne mit Kooperation und kooperiere solange, bis der andere einmal defektiert. Dann defektiere in allen weiteren Spielzügen. Diese Strategie war tatsächlich auch in Axelrods Computerturnier vertreten und nach ihrem Erfinder „Friedman" genannt. Unter allen „netten Strategien" schnitt sie als Zweitschlechteste ab. Die Mathematik liefert uns also eine ethische Aussage: „Nachtragend sein, ist eine schlechte Strategie". Erstaunlich. Finden Sie nicht?

3. TfT ist „berechenbar". Wenn man mit jemandem spielt der TfT verwendet, so weiß man ziemlich schnell, woran man mit ihm ist. Es ist nicht schwierig, herauszubekommen, dass sich der TfT-Spieler kooperativ verhält, solange man selbst kooperativ ist, dass er jedoch jede Defektion sofort mit einer Defektion bestraft und dass er diese Defektion aber sofort bereit ist zu verzeihen, wenn man selbst wieder zur Kooperation zurückkehrt. Auch dies ist ein erstaunliches Ergebnis. Von Nullsummenspielen wissen wir, dass es ziemlich wichtig ist, dass der Gegner nicht weiß, was man im nächsten Spielzug vorhat. Denken Sie dabei an Schach. Es wäre ziemlich aussichtslos, ein Spiel zu gewinnen, wenn man dem Gegner freimütig erzählen würde, was man in den nächsten Zügen zu tun beabsichtigt. Offensichtlich ist dies bei Nicht-Nullsummenspielen völlig anders. Hier ist es ein Gewinnerkriterium, dass man seine Absichten offen legt, dass der „Gegner", besser: „Mitspieler", ganz genau weiß, woran er ist. Dies ist eine wichtige Erkenntnis, die uns noch bei der Entwicklung einer erfolgreichen Verhandlungsstrategie (siehe Abschn. 5.4 zum Harvard-Konzept) sehr nützlich sein wird.

4. TfT ist „nicht neidisch", denn diese Strategie ist überhaupt nicht darauf ausgelegt zu verhindern, dass der andere Spieler Punkte erhält. Diesen Sachverhalt kann man sich recht einfach anhand von zwei Beispielen verdeutlichen: Nehmen wir an, TfT spielt mit einer anderen „netten" Strategie. Dann kommt es in jedem Spielzug zu wechselseitiger Kooperation, d. h. beide Spieler bekommen laut der Tabelle in Abb. 3.4 in jedem Zug drei Punkte. TfT „gönnt" also dem anderen Spieler dessen Punkte und unternimmt nichts, damit der andere weniger Punkte erhält. Stellen wir uns nun vor, TfT spielt gegen eine nicht nette Strategie. Denken wir dabei der Einfachheit halber an die Strategie „Defektiere in jedem Spielzug". Dann erhält TfT im ersten Zug null Punkte, während die nicht nette Strategie fünf Punkte erhält. In jedem weiteren Zug bekommen beide Strategien jeweils einen Punkt. Am Ende liegt die nicht nette Strategie also mit fünf Punkten vorn. TfT ist folglich überhaupt nicht darauf ausgelegt, die andere Strategie zu „besiegen". Man kann sogar mathematisch beweisen, dass TfT kein einziges Spiel gewinnt. Trotzdem hatte TfT beim Computerturnier Axelrods am Ende die meisten Punkte auf dem Konto. Das liegt daran, dass sich TfT hervorragend auf die anderen Strategien einstellt. Gemeinsam mit anderen netten Strategien werden eine ganze Menge Punkte eingefahren, während TfT sich im Spiel mit nicht-netten Strategien nicht ausnutzen lässt.

Diese Eigenschaften von TfT entsprechen kulturübergreifend dem ethischen Empfinden der Menschen. In keiner Kultur wird „nicht nett" sein, d. h. zu versuchen, den anderen zum persönlichen Vorteil auszunutzen, positiv bewertet. Gleiches gilt für Unberechenbarkeit, nachtragend sein und Neid. Es scheint sich um ein angeborenes ethisches Empfinden zu handeln, weil es in allen Kulturen, d. h. unabhängig von der Prägung, überall auf der Welt zu finden ist. Dies ist tatsächlich der Fall. TfT ist eine derart erfolgreiche Kooperationsstrategie, dass sie nicht nur bei uns Menschen, sondern auch bei vielen anderen Spezies ein angeborenes Verhalten ist. Mit dem Thema angeborenes Moralverständnis hat sich der Anthropologe Marc Hauser intensiv auseinandergesetzt und weltweite Studien dazu durchgeführt. Seine Ergebnisse hat er in dem Buch „Moral Minds" zusammengefasst (Hauser, 2007). Auch zwischen dem kategorischen Imperativ Kants, der im Wesentlichen ein Instrumentalisierungsverbot darstellt und Reziprozität besteht ein Zusammenhang. Die Instrumentalisierung von Menschen bedeutet, ihre Interessen unberücksichtigt zu lassen (Smit, 2017). Genau dies entspricht der Nehmerstrategie. Die überaus erfolgreiche und daher genetisch codierte Verhaltensstrategie TfT hat offenbar einen erheblichen Einfluss auf unser moralisches Empfinden.

▶   Für uns ist hier wichtig festzuhalten, das TfT und die daraus resultierenden Eigenschaften dem Menschen angeboren sind. Dies bedeutet, dass sich Menschen in einer Umgebung, in der genau die aus TfT resultierenden ethischen Maßstäbe gelten, wohl fühlen. Eine fremdbezogene Geberkultur im Unternehmen führt daher zu einem hohen Maß an Mitarbeiterzufriedenheit.

Der Fairness halber sei an dieser Stelle angemerkt, dass TfT das Computerturnier nicht gewonnen hätte, wenn es die einzige nette Strategie gewesen wäre. Man kann jedoch zeigen, dass ein geringer Prozentsatz an netten Strategien schon ausreicht, um TfT zur erfolgreichsten Strategie zu machen. Dies entspricht auch der realen Situation in der Arbeitswelt: Nicht alle Menschen sind allein auf ihren persönlichen Vorteil bedacht. Nicht wenige sind durchaus bereit, ihre Kollegen zu unterstützen.

3.5   Spieltheoretische Beschreibung der Reziprozitätstypen

Um nun die Ergebnisse Grants genauer nachvollziehen zu können, benötigen wir außer der Zuordnung von TfT zum fremdbezogenen Geben zusätzlich spieltheoretische Zuordnungen zu den übrigen drei Reziprozitätstypen: Nehmer, Tauscher und selbstloser Geber. Wohlgemerkt: Reziprozitätstypen sind in menschlicher

Sprache formulierte Verhaltensweisen, spieltheoretische Strategien sind im Prinzip Programmbefehle. Wir können also nicht von einer exakten Zuordnung sprechen, sondern lediglich von einer gewissen Ähnlichkeit des einen mit dem anderen und zwar dergestalt, dass das mathematische Modell eine hinreichend gute Beschreibung der in diesem Fall von Grant beobachteten Fakten liefert.

Beginnen wir mit dem selbstlosen Geber. Er ist harmoniebedürftig und fürchtet, dass der andere ihn nicht mehr mag, wenn er die Kooperation verweigert. Also kooperiert er immer, selbst dann, wenn er merkt, dass er ausgenutzt wird. Die spieltheoretische Strategie, die diesem Verhalten ähnlich ist, lautet: Kooperiere in jeden Spielzug (unabhängig davon, was der andere tut).

Der Nehmer versucht, für sich den maximalen Gewinn herauszuholen. Er sieht seinen Mitspieler als Gegner, als Wettbewerber, den es zu schlagen gilt. Den maximalen Profit (fünf Punkte) kann man nur bekommen, wenn man defektiert. Gleichzeitig verhindert man durch Defektion, dass der Andere mehr als einen Punkt pro Zug bekommt. Folglich ordnen wir dem Nehmer die Strategie „Defektiere in jedem Zug" zu.

Etwas schwieriger wird es bei der Zuordnung der spieltheoretischen Strategie zum Tauscher. Er möchte zwar mehr bekommen, als er gibt, die Interaktion mit seinen Kollegen soll aber weitgehend ausgeglichen, d. h. fair, sein. Wenn der Tauscher mehr bekommen will, als er gibt, so kann er nicht im ersten Zug kooperieren. Täte er das und der andere defektiert im ersten Spielzug, so bekäme der andere fünf Punkte, während der Tauscher leer ausgehen würde – ein Rückstand, den der Tauscher im Spiel mit einem nicht-netten Kollegen nie wieder aufholen könnte – mit dem Ergebnis, dass er mehr gegeben als bekommen hätte. Folglich muss der Tauscher im ersten Spielzug aus Sicherheitsgründen defektieren. Erst danach kann er Fairness walten lassen, indem er sich am Verhalten des Kollegen orientiert, was bedeutet, den vorausgegangenen Zug des anderen zu kopieren. Daher ordnen wir dem Tauscher die spieltheoretische Strategie „Defektiere im ersten Zug und kopiere danach den vorausgegangenen Zug des anderen" zu.

Übersicht
Zusammengefasst haben wir nun folgende Zuordnungen:
Selbstloser Geber -> Kooperiere in jedem Spielzug
Fremdbezogener Geber -> Kooperiere im ersten Zug, kopiere danach den vorausgegangenen Zug des anderen
Tauscher -> Defektiere im ersten Zug, kopiere danach den vorausgegangenen Zug des anderen
Nehmer -> Defektiere in jedem Spielzug

Wenn man hier „Kooperiere" durch „Defektiere" ersetzt und umgekehrt, so mutiert der Nehmer zum selbstlosen Geber und der Tauscher zum fremd-bezogenen Geber (und umgekehrt). Die spieltheoretischen Strategien weisen also eine Symmetrie bezüglich Kooperation/Defektion auf.

Übersicht

Vergleichen wir dies mit unserer Betrachtung, welche Interessen die Rezi-prozitätstypen bei ihrem Handeln berücksichtigen (siehe Abschn. 2.2):

Selbstloser Geber -> ausschließlich Fremdinteresse

Fremdbezogener Geber -> in erster Linie Fremdinteresse, in zweiter Linie Eigeninteresse

Tauscher -> in erster Linie Eigeninteresse, in zweiter Linie Fremd-interesse

Nehmer -> ausschließlich Eigeninteresse

Auch hier erkennen wir eine ähnliche Symmetrie wie bei den spieltheoretischen Strategien weiter oben: Tauscht man Fremdinteresse und Eigeninteresse aus, so wird der Nehmer zum selbstlosen Geber, der Tauscher zum fremdbezogenen Geber und umgekehrt.

Wir haben also das gleiche Symmetrieverhalten der Reziprozitätstypen bezüglich Eigen-/Fremdinteresse wie bei den spieltheoretischen Strategien bezüglich Kooperation/Defektion. Dies ist ein weiteres Indiz dafür, dass unser spieltheoretisches Modell den Eigenschaften der Reziprozitätstypen hinreichend ähnlich ist. Untersuchen wir nun diese Eigenschaften, indem wir diese Strategien gegeneinander antreten lassen. Dazu legen wir die Anzahl der Spielzüge willkür-lich auf 20 fest. Das Ergebnis, wie viele Punkte eine Strategie (Zeile) im Spiel mit einer anderen Strategie (Spalte) macht, finden Sie in der Tab. 3.1.

Die Zellen der Tab. 3.1 beschreiben, wie viele Punkte die Strategie in der Zeile im Spiel mit der Strategie in der Spalte erhält.

Die jeweilige Summe in der Zeile gibt an, wie viele Punkte die jeweilige Stra-tegie bekommen hat. Die Summe in der Spalte ist die Anzahl der Punkte, die die anderen Strategien im Spiel mit der jeweiligen Strategie erzielt haben.

Gewinner unseres kleinen Turniers im Spiel jeder gegen jeden und gegen sich selbst ist mit 189 Punkten erwartungsgemäß F (=TfT). Die anderen Strategien erhalten im Spiel mit F jedoch 194 Punkte. F gewinnt also das Turnier, obwohl die anderen im Spiel mit F in Summe mehr Punkte erzielen. F gibt also mehr, als er bekommt und gewinnt trotzdem! Das ist es auch, was wir von einem

Tab. 3.1 Punktzahl der Strategie in der Zeile im Spiel mit der Strategie in der Spalte nach 20 Spielzügen

	S	F	T	N	Summe
S	60	60	57	0	177
F	60	60	50	19	189
T	62	50	20	20	152
N	100	24	20	20	164
Summe	282	194	147	59	

S = selbstloser Geber, F = fremdbezogener Geber, T = Tauscher, N = Nehmer

fremdbezogenen Geber erwarten, er gibt mehr, als er bekommt, aber auch nicht viel mehr, weil er sich nicht ausnutzen lässt.

Der selbstlose Geber hingegen gibt viel mehr, als er bekommt (282 vs. 177 Punkte). Das ist auch genau das, was wir von einem selbstlosen Geber erwarten. Der Tauscher bekommt etwas mehr, als er gibt (152 vs 147 Punkte), was ebenfalls unseren Vorstellungen von einem Tauscher entspricht. Der Nehmer schließlich bekommt deutlich mehr, als er gibt (164 vs 59 Punkte) und trifft damit unsere Erwartungen.

Mit der Ähnlichkeit der spieltheoretischen Strategien (siehe Anfang dieses Abschnitts) und den Reziprozitätstypen, mit dem gleichen Symmetrieverhalten (siehe Mitte dieses Abschnitts) und mit dem Verhältnis von Geben und Nehmen aus Tab. 3.1 haben wir ein Modell, das die Wirklichkeit ziemlich gut beschreibt.

3.6   Berechnung des Unternehmenserfolgs

Wenn man dieses Modell nun auf ein Unternehmen anwendet und für die Zusammensetzung der Belegschaft hinsichtlich der vier Reziprozitätstypen eine Vorgabe macht, so kann man die Punkte ausrechnen, die jeder Mitarbeiter erhält sowie die Gesamtpunktzahl des Unternehmens (Abb. 3.3).

Dann kann man für verschiedene Zusammensetzungen des Unternehmens hinsichtlich der Reziprozitätstypen den Erfolg des Einzelnen und den des Unternehmens vergleichen. Wir haben dies getan und fanden neben der nahezu trivialen Erkenntnis, dass der Erfolg des Unternehmens mit zunehmendem Geberanteil steigt, heraus, dass sich die Reihenfolge Grants bezüglich des persönlichen Karriereerfolgs nur dann ergibt, wenn der Anteil der Nehmer im Unternehmen recht hoch ist[3]. In diesem Fall liefert die Rechnung noch ein weiteres Ergebnis,

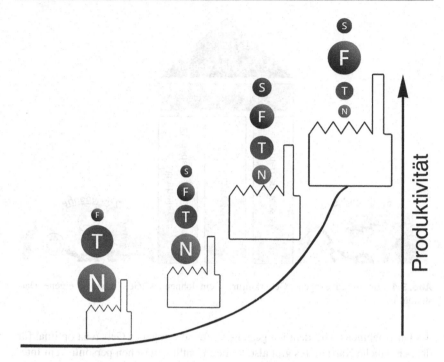

Abb. 3.3 Schematische Darstellung der Unternehmensproduktivität als Funktion der Kooperationsstrategien der Mitarbeiter (S = selbstloser Geber, F = fremdbezogener Geber, T = Tauscher, N = Nehmer). (Quelle: eigene Darstellung)

das in Einklang mit den Beobachtungen Grants steht. Bei hohem Nehmeranteil im Unternehmen gleicht sich die Punktzahl von Nehmern und Tauschern an, d. h. Nehmer und Tauscher werden hinsichtlich ihres beruflichen Erfolgs ununterscheidbar. Exakt dies war das Ergebnis der Studien Grants. Dieses Ergebnis, dass unser Modell die Ergebnisse Grants nur bei einem hohen Nehmeranteil im Unternehmen reproduziert, steht im Einklang mit den regelmäßigen Untersuchungen, beispielsweise des Gallup-Instituts zum Klima in deutschen Unternehmen (siehe Einleitung). Die Tatsache, dass die meisten Mitarbeiter in den deutschen Unternehmen nur Dienst nach Vorschrift machen, ist ein deutliches Indiz für das Vorhandensein einer Nehmerkultur, d. h. einer Wettbewerbskultur.

Zusammengefasst können wir feststellen, dass das Etablieren einer fremdbezogenen Geberkultur gleich drei Vorteile generiert (Abb. 3.4): Die Produktivität

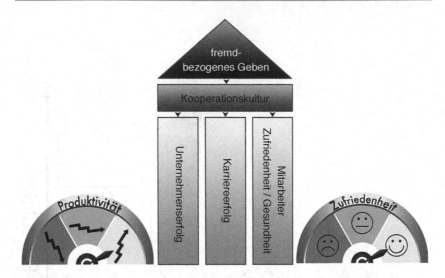

Abb. 3.4 Ein fremdbezogene Geberkultur – ein lohnendes Ziel. (Quelle: eigene Darstellung)

des Unternehmens wird deutlich gesteigert, fremdbezogenes Geben ist optimal für die persönliche Karriere (es gibt also keinen Konflikt zwischen persönlichem Interesse der Mitarbeiter und Unternehmensinteresse) und gleichzeitig wird die Mitarbeiterzufriedenheit erhöht, wobei sich die Abwesenheit von Ängsten positiv auf die Gesundheit der Mitarbeiter auswirkt und so zu niedrigeren Krankenständen führt. Wir haben also ein sehr lohnendes Ziel für alle Beteiligten vor Augen.

3.7   Der Schatten der Zukunft

Die Frage, die sich nun förmlich aufdrängt lautet: Wenn fremdbezogenes Geben (=TfT) die erfolgreichste Strategie ist, warum ist die Nehmer-Strategie dann in den Unternehmen so verbreitet?

Die Antwort auf diese Frage liefert uns wiederum die mathematische Analyse. Wir haben bislang zwei Ergebnisse hinsichtlich der Frage nach der besten Strategie:

a) Wenn das Nicht-Nullsummenspiel (Abb. 3.1) nur einmal gespielt wird, ist Defektion, also die Nehmerstrategie, erfolgreich.
b) Wenn das Spiel unendlich oft wiederholt wird, dann ist TfT, also fremdbezogenes Geben, die erfolgreichste Strategie.

Den Fall a) können wir mathematisch folgendermaßen fassen: Beim einmaligen Spiel ist die Wahrscheinlichkeit w, dass ein weiterer Spielzug stattfindet, gleich null. Im Falle b), dem unendlich oft wiederholten Spiel ist die Wahrscheinlichkeit, dass ein weiterer Spielzug stattfindet, gleich eins.

Im wahren Leben sind beide Wahrscheinlichkeiten jedoch nicht besonders realistisch. Selbst in einem Unternehmen, in dem man beabsichtigt, bis zur Rente zu bleiben, ist spätestens dann Schluss. Doch auch vorher kann das Unternehmen insolvent werden, ein Kollege kann das Unternehmen verlassen oder ein Teil der Belegschaft muss entlassen werden. Die Wahrscheinlichkeit, ein weiteres Spiel mit einem Kollegen zu spielen, ist also eine Zahl irgendwo zwischen null und eins. Wenn für $w = 0$ Nehmen die beste Strategie ist, und für $w = 1$ TfT, was ist dann die beste Strategie für die Wahrscheinlichkeiten dazwischen?

Die mathematische Analyse zeigt (Dawkins 2007), dass wenn die Wahrscheinlichkeit w für einen weiteren Spielzug kleiner als Zweidrittel ist, Tauscher in eine fremdbezogene Geberkultur eindringen können (d. h. sie bekommen dann mehr Punkte im Spiel mit den fremdbezogenen Gebern als fremdbezogene Geber im Spiel mit fremdbezogenen Gebern, d. h. sie sind erfolgreicher). Wenn w kleiner als ein Halb wird, dringen sogar Nehmer ein (was uns nicht wundert, weil wir ja bereits wussten, dass für $w = 0$ Nehmen die beste Strategie ist).

Diese Wahrscheinlichkeit w, ob ein weiteres Spiel stattfindet, wird auch häufig als „Schatten der Zukunft" bezeichnet.

Nun können wir die obige Frage beantworten: Es gibt deshalb so viele Nehmer in den Unternehmen, weil der Schatten der Zukunft als relativ niedrig empfunden wird.

Für das Führen können wir daraus folgende Schlüsse ziehen:

a) Führen ist das Etablieren und Aufrechterhalten von Kooperation zwischen allen Beteiligten (man muss nicht nur die eigenen Mitarbeiter führen, sondern auch die Kollegen, Vorgesetzten, Kunden, Lieferanten, die Öffentlichkeit und nicht zuletzt sich selbst).
b) Dies gelingt, indem man den Schatten der Zukunft groß werden lässt, d. h. w soll von der Belegschaft als nahe an eins empfunden werden. Nur dann ist eine Geberkultur, d. h. eine Kooperationskultur, stabil.

3.8   Vertrauenskultur

Doch wie gelingt es, den Schatten der Zukunft groß werden zu lassen? Die Antwort ergibt sich, wenn man zunächst fragt, was den Schatten der Zukunft klein macht. Die Antwort lautet: Angst.

Angst fokussiert den Organismus auf das gegenwärtige Problem. Der menschliche Organismus ist immer noch identisch mit dem unserer Vorfahren vor Jahrzehntausenden. Wenn ein Löwe hinter einem Busch hervorspringt und angreift, so erschreckt man sich, es werden Adrenalin und andere Hormone ausgeschüttet, die eine Umverteilung der Ressourcen bewirken. Wir werden kurzfristig stärker, unsere Reaktionsschnelligkeit steigt, wobei jedoch Körperfunktionen, die nicht für die Lösung des Problems (Kampf oder Flucht) benötigt werden, unterversorgt werden. Letzteres betrifft beispielsweise unser Immunsystem. Wenn der Löwe aus dem Gebüsch springt, ist es eben nicht wirklich wichtig, ob wir uns eine Erkältung einfangen. An dieser Stelle wird sofort verständlich, warum lang andauernde Angst krank macht.

Wenn also Angst einen kurzen Schatten der Zukunft erzeugt, wissen wir schon mal, wie man eine Wettbewerbskultur, d. h. eine Nehmerkultur erzeugt: durch einen autoritären Führungsstil, der ausschließlich mit Belohnung und Bestrafung, d. h. mit extrinsischer Motivation arbeitet. Dabei können wir vor dem Hintergrund der obigen Überlegungen prognostizieren, dass eine Angstkultur zu höheren Krankenständen führen wird.

Doch was ist das Gegenteil von Angst? Angst ist die Annahme, Schaden zu nehmen. Vertrauen hingegen ist das genaue Gegenteil: die Annahme, dass sich alles zum Guten wendet oder wenn bereits alles gut ist, dass es auch so bleibt.

Damit haben wir die zentrale Erkenntnis gewonnen, dass die Grundlage einer Kooperationskultur Vertrauen ist. Es lohnt sich also, das Thema Vertrauen ein wenig genauer zu beleuchten.

Man kann Vertrauen in die eigenen Fähigkeiten (Selbstvertrauen) haben, Vertrauen in die Kollegen (Verbundenheit) und Vertrauen in die Sache (Sinnhaftigkeit). Um eine Kooperationskultur, d. h. eine Vertrauenskultur zu erzeugen, müssen also von der Unternehmensleitung und den Führungskräften Maßnahmen ergriffen werden, die das Selbstvertrauen der Mitarbeiter stärken, die ihnen das Gefühl der Verbundenheit vermitteln, d. h. das Wissen, dass die anderen da sind, wenn man sie braucht und das Gefühl der Sinnhaftigkeit, d. h. ein Verständnis, dass die Welt mit dem, was das Unternehmen tut, ein bisschen besser ist und dass das Unternehmen mit dem, was es tut, auf lange Zeit erfolgreich sein wird.

Der Unternehmensberater und Geschäftsführer des Unternehmens noventum consulting, Uwe Rotermund, beschäftigt sich seit vielen Jahren mit dem Thema

Abb. 3.5 Best Practices, die auf die drei Aspekte des Vertrauens einzahlen. (Quelle: eigene Darstellung)

Vertrauenskultur. Mit seinem Unternehmen war er mehrfach Sieger beim Wettbewerb des Great Place to Work Instituts als bester Arbeitgeber. Er sammelte mehr als hundert Best Practices, die alle dazu dienen, eine Vertrauenskultur zu etablieren[1]. Diese Best Practices haben wir in 15 Themengebiete geclustert, die alle auf die obigen drei Aspekte des Vertrauens einzahlen. Das Ergebnis sehen Sie in Abb. 3.5.

Diese Best Practices nutzen wir in Kooperation mit noventum consulting, um den Handlungsbedarf eines Unternehmens bezüglich der darin beschriebenen Themen transparent zu machen und so gezielte Maßnahmen einleiten zu können.

---

[1]Rotermund, U., Unternehmenskulturcheck, Die Broschüre kann heruntergeladen oder in Papierform angefordert werden unter: https://www.culture-change-management.de.

Abb. 3.5: ...

Kooperationsverhalten messen

4

4.1 Bewertung der Bereitschaft zur Unterstützung

Die Voraussetzung, um etwas messen zu können, ist, dass man es in Zahlen fassen kann. Diese Voraussetzung haben wir mit dem in Kap. 3 beschriebenen spieltheoretischen Modell geschaffen.

Beim Thema Kooperation geht es darum, ob der eine dem anderen Unterstützung gewährt oder ob er diese verweigert. Schauen wir uns nun an, wie die unterschiedlichen Reziprozitätstypen die Bereitschaft zur Unterstützung der anderen Reziprozitätstypen wahrnehmen. Das Ergebnis finden Sie in Abb. 4.1.

Beginnen wir mit dem Nehmer. Wenn er auf einen anderen Nehmer trifft (Strategie: „Defektiere immer"), so wird er also ein permanentes Verweigern der Unterstützung wahrnehmen. Wenn man ihn also fragt, wie er die Bereitschaft zur Unterstützung des anderen bewertet, so würde er mit „niedrig" antworten (rot hinterlegtes Minus in Abb. 4.1). Trifft unser Nehmer auf einen Tauscher (Strategie: „Defektiere im ersten Zug, kopiere danach den vorausgegangenen Zug des anderen"), so würde unser Nehmer ebenfalls permanentes Verweigern der Unterstützung wahrnehmen, schließlich beginnt der Tauscher mit Defektion und kopiert danach die Defektionen unseres Nehmers. Ein Nehmer wird also einen Nehmer von einem Tauscher nicht unterscheiden können. Beide verhalten sich aus Sicht des Nehmers gleich. In diese Sicht reiht sich selbst der fremdbezogene Geber ein. Bei der Interaktion mit unserem Nehmer wird er zwar im ersten Zug kooperieren, was schnell vergessen ist, denn in allen weiteren Spielzügen wird er das Defektieren unseres Nehmers kopieren. Nur die Bereitschaft zur Unterstützung eines selbstlosen Gebers wird unser Nehmer hoch bewerten, weil dieser immer kooperiert, obwohl er von unserem Nehmer permanent ausgenutzt wird.

In ähnlicher Weise kann man die Sicht eines Tauschers, eines fremdbezogenen Gebers und eines selbstlosen Gebers auf die vier Reziprozitätstypen herleiten.

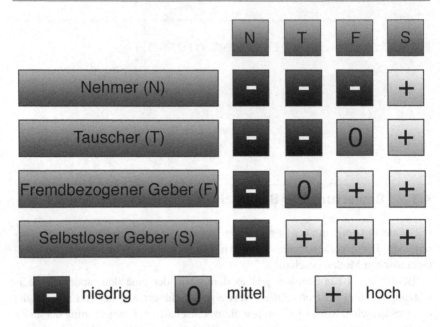

Abb. 4.1 Wie die vier Reziprozitätstypen die Bereitschaft zur Unterstützung bewerten. (Quelle: eigene Darstellung)

Man muss lediglich jeweils zwei Reziprozitätstypen gegenüberstellen und für jeden Spielzug aufschreiben, ob der eine bzw. andere kooperiert oder defektiert. Daran kann man ablesen, wie der eine die Bereitschaft des anderen zur Unterstützung bewerten würde. So kommt es beispielsweise, wenn ein Tauscher auf einen Tauscher trifft, in jedem Spielzug zu wechselseitiger Defektion, was zu wechselseitig niedriger Bewertung der Bereitschaft zur Unterstützung führen würde. Bei einem Tauscher, der auf einen fremdbezogenen Geber trifft, kommt es zu abwechselnder Kooperation und Defektion des fremdbezogenen Gebers, weshalb der Tauscher dessen Bereitschaft zur Unterstützung als „mittel" bewerten würde (und umgekehrt).

▶   **Fazit** Wie jemand die Bereitschaft zur Unterstützung der vier Reziprozitätstypen bewertet, hängt von seiner eigenen Reziprozität ab.

Aus der mathematischen Analyse des Problems, dass man zur Interpretation der Bewertungen einer Person deren Reziprozität kennen muss, folgt die Lösung, dass man die Reziprozität von beiden Akteuren berechnen kann, wenn man ihre wechselseitigen Bewertungen heranzieht[1]. Wenn A die Bereitschaft zur Unterstützung von B bewertet und B die von A, so ergeben sich aus dem Bewertungspärchen Reziprozitätsanteile sowohl für A als auch für B.

Wie man an Abb. 4.1 erkennen kann, existieren nur drei mögliche Bewertungen der Reziprozitätstypen untereinander: „niedrig", „mittel" und „hoch". Wenn man nun den Teilnehmern einer Messung einen Fragebogen zukommen lässt, in dem sie die Bereitschaft zur Unterstützung derjenigen Kollegen, die sie kennen, als „niedrig", „mittel" oder „hoch" bewerten sollen, so kann man – nachdem alle Teilnehmer ihren Fragebogen abgegeben haben – die Reziprozitätsanteile jedes Teilnehmers im Umgang mit jedem der Teilnehmer auf seinem Fragebogen berechnen.

Zur Vorbereitung auf die Messung sollte man daher festlegen, wer mit wem häufig genug zu tun hat, damit er dessen Bereitschaft zur Unterstützung bewerten kann. Wir nennen dies die Bewertungsmatrix. In der ersten Zeile und in der ersten Spalte sind die Namen der Teilnehmer aufgelistet, wobei Kreuzchen in der entsprechenden Zelle kennzeichnen, ob Teilnehmer A die Bereitschaft zur Unterstützung von B bewerten kann. Selbstverständlich muss diese Matrix symmetrisch sein, denn nur wenn A B bewertet und B A, können die Reziprozitätsanteile für diese Interaktion von A und B berechnet werden. Durch Ausfüllen der Bewertungsmatrix wird sichergestellt, dass der Fragebogen jedes Teilnehmers nur die Namen derjenigen Kollegen enthält, mit denen er auch zu tun hat.

Die Bewertung der Bereitschaft zur Unterstützung ist natürlich eine höchst subjektive Angelegenheit. Doch genau das ist es, was gemessen werden soll. Es geht darum, wie die Teilnehmer die Bereitschaft zur Unterstützung ihrer Kollegen tatsächlich empfinden und nicht, wie häufig und in welcher Intensität der eine den anderen tatsächlich unterstützt hat. Schließlich ist Reziprozitätsverhalten eine Reaktion auf den wahrgenommenen Schatten der Zukunft, d. h. auf das Unternehmensklima. Diese Wahrnehmung ist eine höchst subjektive Angelegenheit.

4.2 Durchführung und Ergebnisse der Messung

Im Gegensatz zu Persönlichkeitstests oder Reziprozitätstests, in denen man das Verhalten in einer bestimmten Situation per Multiple-Choice angeben soll, kann man bei dem hier dargestellten Verfahren nicht sozial erwünscht antworten. Durch die eigenen Antworten, die man schließlich selbst unter Kontrolle hat,

---

[1]Smit, K. et al., to be published.

kann man nicht das eigene Reziprozitätsergebnis in der gewünschten Richtung beeinflussen, weil man keine Kontrolle darüber hat, wie man von den anderen bewertet wird.

Eine Möglichkeit, das gewünschte Ergebnis zu erzielen – so könnte man einwenden – bestünde darin, sich mit einem Kollegen abzusprechen und zwar dahin gehend, gegenseitig die Bereitschaft zur Unterstützung des jeweils anderen „hoch" zu bewerten. Dies ist ein gefährliches Spiel. Denn wenn man selbst die Bereitschaft zur Unterstützung des anderen hoch bewertet, Letzterer sich aber nicht an die Absprache hält und seinerseits eine niedrige Bewertung abgibt, so ergäben sich für den „Ehrlichen" hohe Nehmeranteile und für den Unehrlichen hohe Geberanteile. Es läuft also – wie soll man auch anders erwarten – auf das Gefangenen-Dilemma hinaus. Nur wenn man sich gegenseitig vertraut, kann eine Absprache zur gegenseitig hohen Bewertung funktionieren. Doch dann entspricht die abgesprochene wechselseitige Bewertung den Tatsachen – beide kooperieren miteinander, die Messung bleibt also konsistent.

Da jeder Teilnehmer an der Messung die Bereitschaft zur Unterstützung von Kollegen bewerten soll, die er gut kennt, entsteht für die Messung kaum Aufwand im Unternehmen – das Ausfüllen des Fragebogens ist für jeden Teilnehmer eine Sache von wenigen Minuten.

Auf der niedrigsten Aggregationsebene (siehe Abb. 4.2) liefert die Messung das paarweise Reziprozitätsverhalten der Teilnehmer im Umgang miteinander, d. h. wie sich A im Umgang mit B verhält und umgekehrt. Dies sind sehr persönliche Daten, deren Veröffentlichung unter Umständen das Gegenteil von dem bewirken könnte, was man letztendlich erreichen möchte: die Stärkung des Kooperationsverhaltens im Unternehmen. Daher wird schon an dieser Stelle deutlich, dass das Auswertungssystem in jedem Fall einen Filter bieten muss, der festlegt, wer welche Auswertungsdaten erhält.

Auf der mittleren Aggregationsebene kann man das Verhalten einer Person im Umgang mit den Teilnehmern einer Gruppe aufaddieren und den Mittelwert bilden. Das Ergebnis ist das durchschnittliche Verhalten einer Person im Umgang mit einer Gruppe.

Zur Zusammenfassung von mehr als drei Testteilnehmern zu einer Gruppe kann man unterschiedliche Sichten auf ein Unternehmen einnehmen. Die gängigste Sicht ist wohl die Organisationssicht: Man ordnet jedem Testteilnehmer eine organisatorische Einheit zu (Team, Abteilung, Bereich), wobei man darauf achten sollte, dass jeder Einheit mindestens drei Teilnehmer zugeordnet sind, um Anonymität zu wahren. Dann erhält man auf dieser mittleren Aggregationsebene das Verhalten jedes Teilnehmers im Umgang mit den definierten organisatorischen Einheiten (Bsp.: Wie verhält sich Herr Müller im Umgang mit dem Vertrieb).

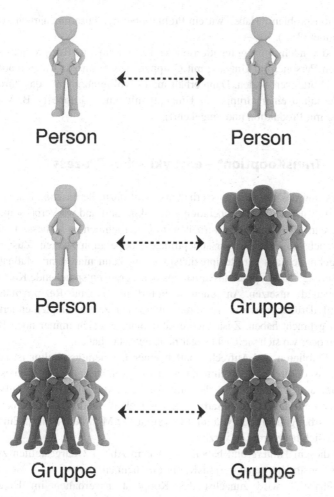

Abb. 4.2 Die drei Aggregationsebenen der Auswertung. (Quelle: eigene Darstellung)

Eine andere Sicht wäre z. B. die Alterssicht: Man ordnet jedem Teilnehmer eine Altersgruppe zu (z. B. 20er, 30er, 40er, …) und erhält so den Umgang jedes Teilnehmers der Messung mit den Altersgruppen. Weitere Beispiele für Sichten wären: Geschlechter (Frauen, Männer), Hierarchie (Vorstand, Geschäftsführung, Bereichsleitung, …), Nationalität (Deutsche, Spanier, …) und so weiter. Die Wahl der Sichten ist beliebig in dem Sinne, dass man diejenigen Sichten einnehmen sollte, in denen man ein Kooperationsproblem vermutet (Haben wir ein

Generationsproblem? Haben wir ein Problem bei der Zusammenarbeit von Frauen und Männern? ...).

Auf der höchsten Aggregationsebene kann man die Reziprozitätswerte der einzelnen Personen im Umgang mit Gruppen wiederum zu Gruppen aufaddieren und den Mittelwert bilden. Dann erhält man – völlig anonym – das durchschnittliche Verhalten einer Gruppe im Umgang mit einer Gruppe (z. B. Vertrieb im Umgang mit Produktion und umgekehrt).

4.3   TransKooption® – ein zyklischer Prozess

Die Messung des Kooperationsverhaltens dient dazu, herauszufinden, an welchen Stellen im Unternehmen Kooperation gut funktioniert und wo Verbesserungsbedarf besteht. Um das Kooperationsverhalten im Unternehmen zu verbessern, muss man jedoch auch die Ursachen für suboptimale Kooperation kennen. Zusammen mit den Ergebnissen aus der Reziprozitätsmessung kann man dann Maßnahmen zur Verbesserung des Kooperationsverhaltens definieren, entsprechende Kulturprojekte anstoßen und umsetzen. Anschließend liefert eine erneute Reziprozitätsmessung Auskunft darüber, was die im vorangegangenen Zyklus implementierten Maßnahmen gebracht haben. Zusätzlich erfährt man, wo sich immer noch Baustellen befinden oder wo sich vielleicht sogar neue aufgetan haben.

Das Etablieren und Aufrechterhalten einer Kooperationskultur ist kein linearer Prozess, der irgendwann einmal beendet ist, sondern ein permanentes Arbeiten am Miteinander. Natürlich ist dies mit Aufwand verbunden – ein Aufwand, der zu höherer Produktivität, Mitarbeiterzufriedenheit, niedrigeren Krankenständen, höherer Arbeitgeberattraktivität und Loyalität der Mitarbeiter führt. Ein Aufwand also, der sich hervorragend verzinst.

Vor diesem Hintergrund haben wir den in Abb. 4.3 dargestellten zyklischen Prozess konstruiert, den wir TransKooption® nennen.

In Phase 1 wird zunächst das Kooperationsverhalten im Unternehmen bestimmt. Man weiß nun, in welchem Ausmaß Kooperation an welcher Stelle funktioniert oder eben nicht. Oftmals ist die Erkenntnis des „Wo" bereits ausreichend, um eine Vorstellung über die möglichen Ursachen suboptimaler Kooperation zu erhalten. Genau diese Ursachenforschung ist Thema der Phase 2.

Ein bewährtes Werkzeug zur Ursachenforschung ist das Führen von Interviews mit den Teilnehmern der Kooperationsmessung. Je nachdem, welche Auswertungsdaten den Teilnehmern bekannt sein dürfen, kann man sie nach ihrer Meinung befragen, warum an dieser oder jener Stelle das Kooperationsverhalten deutliches Verbesserungspotenzial aufweist. Aus der Menge der subjektiven

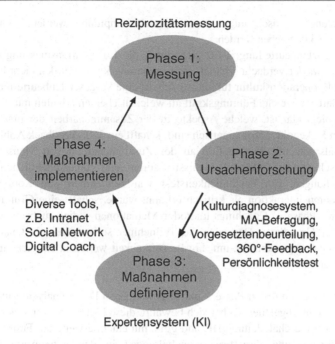

Abb. 4.3 TransKooption® – ein zyklischer Prozess zur Verbesserung der Unternehmenskultur. (Quelle: eigene Darstellung)

Antworten, die man so erhält, kristallisiert sich dann mit hoher Wahrscheinlichkeit ein objektives Bild der tatsächlichen Ursachen heraus.

Darüber hinaus kann es Sinn machen, zusätzlich zu den Interviews weitere IT-gestützte Werkzeuge zur Ursachenforschung heranzuziehen. Abhängig von den Ergebnissen der Kooperationsmessung und der allgemeinen Situation des Unternehmens können in Phase 2 bei Bedarf die folgenden Werkzeuge zum Einsatz kommen:

1. Ein Kulturdiagnosesystem: Man kann beispielsweise die von Uwe Rotermund zusammengestellten Best Practices zum Etablieren einer Kooperations-/Vertrauenskultur im Führungskreis hinsichtlich Relevanz für das Unternehmen und hinsichtlich des Grades, in wie weit der jeweilige Punkt bereits etabliert ist, abfragen. Daraus ergibt sich dann der entsprechende Handlungsbedarf. Die Punkte mit dem größten Handlungsbedarf übergibt man dann in Phase 3.
2. Eine Mitarbeiterbefragung: Durch gezieltes Befragen der Mitarbeiter kann sich ein differenziertes Stimmungsbild ergeben. Die Punkte, die von den Mitarbeitern

als besonders kritisch, unfair oder unangenehm empfunden werden, können dann in Phase 3 übergeben werden.

3. Vorgesetztenbeurteilung: Falls sich durch die Kooperationsmessung und die Interviews der Verdacht erhärtet, einige Führungskräfte würden nicht im Sinne einer Kooperationskultur führen, so schafft eine Vorgesetztenbeurteilung Klarheit darüber, welche Führungskraft an welchen Themen arbeiten muss.

4. Falls nicht klar ist, welche Aspekte in der Zusammenarbeit der unterschiedlichen Stakeholder problematisch sind, schafft ein 360°-Feedback Abhilfe.

5. Oftmals scheitert Kooperation an der Zusammenarbeit von Menschen mit unterschiedlichen Persönlichkeitsstrukturen und unterschiedlichen Wertvorstellungen. Ein Persönlichkeitstest von Teilnehmern am Kooperationstest, deren Interaktion als kritisch erkannt wurde, schafft eine Grundlage für spätere (Phase 4) Coachings und/oder Mediationen – dies auch nur auf freiwilliger Grundlage. Der oder die Teilnehmer sollten dies als Chance und Wertschätzung erkennen, um ihre Persönlichkeit weiter zu entwickeln und zu wachsen.

In Phase 3 werden die in Phase 1 und 2 gewonnenen Daten analysiert und Maßnahmen daraus abgeleitet. Es hat sich bewährt, diese Maßnahmen in einem Workshop mit der Geschäftsleitung/HR und ggfs. mit einem erweiterten Führungskreis zu diskutieren und ihre Erwartungshaltungen in den gemeinsam zu verabschiedenden Aktionsplan einfließen zu lassen. In diesem Workshop wird dann zu jeder Maßnahme ein Projekt inklusive Zeitplan definiert. Einem Teilnehmer am Workshop wird die Verantwortung für das jeweilige Projekt übertragen. Es ist seine Aufgabe, das entsprechende Projekt in die Phase 4 zu tragen. Letztere ist die Implementierungsphase der in Phase 3 verabschiedeten und geplanten Projekte.

4.4 Typische Maßnahmen zur Verbesserung der Kooperationskultur

Bei den in Phase 4 zu implementierenden Maßnahmen, d. h. der Durchführung der entsprechenden Projekte, kann es sich um sehr spezielle und firmenspezifische Dinge handeln. An dieser Stelle sollen häufig vorkommende Maßnahmen ganz allgemein vorgestellt werden.

Einen großen Einfluss auf das Kooperationsverhalten haben die im Unternehmen gelebten Spielregeln. Was ist Holschuld, was Bringschuld? Wer muss in welchem Fall informiert werden? Ist unsere Meeting-Kultur effizient und zielgerichtet? Darf sich der Chef Unpünktlichkeit erlauben, seine Mitarbeiter jedoch nicht? Diese Liste ließe sich beliebig fortsetzen. Welche Spielregeln im Unternehmen auf den Prüfstand gehören, ist letztlich ein Ergebnis der Phasen 1 und 2. Nach unserer Erfahrung ist einer der großen Kooperationskiller ein unklares Rollenverständnis. Oftmals haben sowohl die Führungskräfte als auch die Mitarbeiter nur eine vage Vorstellung, was zu ihrem Aufgabenbereich gehört und noch wichtiger: was sie zur Erledigung dieser Aufgaben selbstständig entscheiden dürfen. Diese Unklarheit führt zu Kompetenzgerangel von Personen auf der gleichen Hierarchieebene und zu Frustration bei den Mitarbeitern, wenn sie von Pontius zu Pilatus laufen müssen, um eine Entscheidung zu bekommen. Zusätzlich ist es ihrem Selbstvertrauen nicht zuträglich, wenn sie keine Gelegenheit erhalten, Selbstwirksamkeit zu erfahren, weil ihnen keine Verantwortung übertragen wurde. In diesem Zusammenhang ist eine Anpassung der Prozesse, die oftmals auf eine Verschlankung hinausläuft, hinsichtlich einer Verbesserung der Zusammenarbeit zielführend. Um Rollen- und Aufgabenklarheit herzustellen, ist möglicherweise auch eine Überarbeitung der Struktur der unternehmensweiten Zielvergabe notwendig. Dabei ist besonderes Augenmerk darauf zu legen, dass keine Zielkonflikte erzeugt und die Ziele in dokumentierter Weise SMART[2] formuliert werden (vgl. Abschn. 5.3).

Ein weiterer häufig vorkommender Maßnahmenblock ist die Schaffung von Verständnis der unterschiedlichen Unternehmensbereiche füreinander. Nur wenn beispielsweise die Mitarbeiter der Produktion die Arbeit des Vertriebs schätzen lernen, und umgekehrt, ist ein produktives Miteinander auf Augenhöhe möglich. Dieses Verständnis füreinander kann zum Beispiel durch Kurzworkshops erreicht werden, in denen der eine Bereich die eigene Arbeit, die eigenen Erfolge und die eigenen Problemstellungen dem anderen Bereich vorstellt.

Sofern Differenzen auf der Beziehungsebene einer konstruktiven Zusammenarbeit im Weg stehen, können Coachings und Mediationen einen Beitrag leisten, um sich wieder auf der Sachebene zu begegnen.

Oftmals kommt Kooperation nur schleppend zustande, weil Wissen und Erfahrungen fehlen, den anderen entsprechend zu unterstützen. In diesem Fall kann eine fachliche Ausbildung Abhilfe schaffen. Besonders weitreichende Folgen hat die mangelnde Vorstellung, wie man dem eigenen Führungsauftrag und seinem Team gerecht werden kann. Unsicherheiten im Führungsalltag, gerade im Umgang mit selbstbewussten, teils fordernden Mitarbeitern, die sich ihres Marktwertes bewusst sind, führen zu einer Verweigerungshaltung. Führung ist

---

[2]https://de.wikipedia.org/wiki/SMART_(Projektmanagement).

nicht spürbar, wird nicht gelebt. Leitplanken werden, wenn überhaupt, zu spät gesetzt mit der Folge, dass ein bestimmter Mitarbeitertyp diesen Boden gnadenlos besetzt. Führen bedeutet auch, unbequeme Dinge anzusprechen und sich möglicherweise auch einem Konflikt zu stellen (siehe Abschn. 5.4). Häufig hemmt das eigene Harmoniebedürfnis die Führungskraft, die Diskrepanz aufzuzeigen, zwischen dem, was sie sehen möchte und dem, was sie tatsächlich sieht. In der Tat ist die Stärkung des Konfliktmanagements eine der am häufigsten aufgerufenen Themenstellungen im Coaching. Aus diesen Überlegungen wird deutlich, dass kooperative Führung einer besonderen Kompetenz bedarf.

Um in einer Wettbewerbskultur mittels extrinsischer Motivation, d. h. mit Belohnung und Bestrafung, zu führen, bedarf es keiner besonderen Kompetenz. Zum Führen in einer Kooperationskultur braucht man jedoch eine entsprechende innere Haltung, muss adäquates Handwerkszeug beherrschen und benötigt ein grundlegendes Verständnis der Mechanismen einer Kooperationskultur. Vor diesem Hintergrund erzeugt eine entsprechende Ausbildung der Führungskräfte in vielen Fällen, gerade am Anfang des TransKooptions®-Prozesses, einen sehr großen positiven Effekt. Aus diesem Grunde haben wir den Themen einer solchen Führungskräfteausbildung ein eigenes Kapitel gewidmet, das wir nach der inneren Haltung benannt haben, die eine kooperative Führungskraft mitbringen muss: Die Führungskraft als Coach.

Die Führungskraft als Coach 5

5.1 Die innere Haltung

Führen in einer Kooperations- und Vertrauenskultur ist deutlich komplexer und anspruchsvoller, als die autoritären Stile vergangener Zeiten und erfordert eine andere Haltung. Um diese Komplexität zu durchdringen, sollte sich die Führungskraft nicht den neuesten wissenschaftlichen Erkenntnissen verschließen – schließlich soll sie nicht anhand einer Liste kooperativer Führungsregeln handeln, sondern sie soll verstehen, wie die Mechanismen einer Kooperationskultur funktionieren, so dass sie selbst das einer Situation angemessene Verhalten herleiten kann. Zusätzlich führt dieses Verständnis dazu, dass die Führungskraft intrinsisch motiviert ist, entsprechend zu handeln.

Sie sollte offen, und für alle sichtbar, als Vorbild in ihre eigene Entwicklung investieren, um das gleiche Engagement auch von ihren Mitarbeitern erwarten zu können. Ein für das Unternehmen gesundes und gewinnbringendes Kooperations verhalten hat seine Wurzeln also in der Führung.

Fremdbezogenes Geben ist sowohl für den Einzelnen als auch für das Unternehmen die optimale Kooperationsstrategie. Folglich muss man von den Führungskräften erwarten, dass sie genau dieses Verhalten vorleben. Was bedeutet dies konkret? Ein fremdbezogener Geber unterstützt, ohne sich ausnutzen zu lassen, er berücksichtigt primär das Fremdinteresse und sekundär das Eigeninteresse. Das bedeutet für die kooperative Führungskraft, dass sie sich selbst als Unterstützer des Mitarbeiters auf dessen Weg zur Zielerreichung versteht. Diese Unterstützung wird so lange gewährt, bis sich der Mitarbeiter in eine Komfortzone zurückzieht und die Arbeit auf die Führungskraft abwälzt. Dann ist der Moment gekommen, Grenzen aufzuzeigen.

Zusätzlich hat die Führungskraft primär die Interessen des Mitarbeiters im Blick. Damit verbunden ist die Absicht der Führungskraft, den Mitarbeiter permanent

© Springer Fachmedien Wiesbaden GmbH, ein Teil von Springer Nature 2019
T. Kottmann und K. Smit, *Von einer Wettbewerbs- zu einer Kooperationskultur,*
essentials, https://doi.org/10.1007/978-3-658-23603-8_5

weiter zu entwickeln und zwar sowohl hinsichtlich seiner Potenziale als auch seiner Fähigkeiten. Dabei begegnet die Führungskraft dem Mitarbeiter auf Augenhöhe. Damit verbunden ist das Vorleben und Einfordern gegenseitigen Respekts. Die Führungskraft glaubt nicht zu wissen, was „gut" für den Mitarbeiter ist, sondern sie hilft ihm zu verwirklichen, was der Mitarbeiter glaubt, was „gut" für ihn ist.

Führungskräfte sollten sich also weniger als Macher, sondern vor allem als Internal Coach, Potenzialentfalter und Ermöglicher sehen, die selbstgesteckte Grenzen ihrer Mitarbeiter aufbrechen und ihnen aufzeigen, was in ihnen steckt. Der Mitarbeiter ist nicht mehr der Untergebene, sondern Partner, mit dem es gilt, gemeinsame Ziele zu erreichen. Der souveräne Chef meidet nicht, er sucht diese Nähe. Sinngebende Führung lebt heute den Dialog mit den Mitarbeitern und berücksichtigt deren Interesse. Die Führungskraft muss zu jedem das Gefühl der Verbundenheit herstellen. Starke Führungspersönlichkeiten erlauben den für beide Seiten befruchtenden Austausch auf Augenhöhe. Ihre vorrangige Aufgabe ist es, eine Kooperations- und Vertrauenskultur zu etablieren und langfristig zu festigen, die eine angstfreie Fehlerkultur beinhaltet. Fehler dienen nicht mehr der gegenseitigen Schuldzuweisung, sondern sie werden als wichtige Erfahrung verstanden, weil man nur durch das Lernen, wie es nicht geht, Fortschritt erzielen kann. Auch an dieser Stelle wird die Überlegenheit einer Kooperationskultur gegenüber einer Wettbewerbskultur deutlich: In Letzterer werden Fehler unter den Teppich gekehrt, weil man natürlich nicht an den Pranger gestellt werden will. Der Effekt ist, dass der gleiche Fehler mehrfach im Unternehmen gemacht wird, weil man von dem Großteil der Fehlschläge und deren Ursachen niemals etwas hört. In einer Kooperationskultur hingegen partizipieren alle von dem neuen, aus dem Fehler gewonnenen Wissen.

Im Folgenden soll nun das Verständnis der Führungskraft über die Mechanismen einer Kooperationskultur kurz erläutert werden.

5.2   Mitarbeitermotivation

Zum grundlegenden Verständnis dieses Themenkomplexes kann man ein einfaches Experiment durchführen. Wenn man ein Pendel über die Wiege eines Babys hängt und es in Bewegung versetzt, so kann man beobachten, dass das Kleinkind mit großen Augen neugierig der Bewegung folgt. Hängt man nun das Pendel tiefer, sodass das Baby es erreichen und selbst in Bewegung versetzen kann, so wird es dem Pendel nicht nur interessiert mit den Augen folgen, sonders es wird über das ganze Gesicht strahlen. Es freut sich, weil es etwas erfahren hat, dass uns Menschen sehr wichtig ist: Selbstwirksamkeit.

Damit sind wir auch schon bei der frohen Botschaft zum Thema Motivation: Menschen sind grundsätzlich motiviert, Dinge in Bewegung zu versetzen – sofern man ihnen denn die Möglichkeit dazu gibt. Dies wird sofort verständlich, wenn man sich ein wenig mit Evolutionsbiologie beschäftigt: Gene sind nicht nur Baupläne für den Körper, sondern auch für die Verschaltung unseres Nervensystems bei dessen Entstehung im Mutterleib. Mit anderen Worten: Gene codieren auch das angeborene Verhalten. Verhalten, das dazu führt, dass der Träger des Verhaltensgens mehr Nachkommen hat, als der Träger für ein Gen, das ein anderes Verhalten kodiert, wird sich aufgrund der höheren Nachkommenzahl von Generation zu Generation immer mehr innerhalb der Population verbreiten. Es ist leicht zu verstehen, dass ein Gen, das seinen Träger darauf „programmiert", seine Umwelt zu gestalten, erfolgreich im Sinne einer hohen Nachkommenzahl des Trägers ist. Verhalten, das im Sinne der Gene positiv ist, wird mit einem positiven Gefühl belohnt – in diesem Fall mit dem Zufriedenheitsgefühl, das sich bei erlebter Selbstwirksamkeit einstellt. Ähnlich werden Handlungen, die den Fortpflanzungserfolg gefährden, mit einem negativen Gefühl bestraft (z. B. Schmerz, wenn man aus gefährlicher Höhe auf den Boden springt).

Doch zurück zu unserem neugierigen Baby. Wiederholt man das Experiment mehrere Male, so stellt man fest, dass die Begeisterung des Kleinkindes von Mal zu Mal abnimmt. Das Pendel in Bewegung zu versetzen, ist keine Herausforderung mehr, das positive Gefühl, Selbstwirksamkeit erlebt zu haben, schwächt sich ab. Mit anderen Worten: Um den gleichen Effekt der Begeisterung zu erreichen, muss man dem Baby eine schwierigere Aufgabe stellen.

Dazu passt auch ein weiteres Experiment. Man hat Kinder in der Grundschule vom Unterricht befreit und ihnen eine Menge Spielzeug zur Verfügung gestellt. Natürlich war die Freude groß. Die Kinder spielten nach Herzenslust, doch nach wenigen Tagen hatten sie alles ausprobiert – das Spielzeug wurde langweilig. In der Folge baten die Kinder darum, wieder Unterricht haben zu dürfen.

Aus diesen zwei Experimenten und weiteren Erkenntnissen der Psychologie, die dieses Büchlein sprengen würden, können wir drei Dinge ableiten:

1. Menschen sind von Natur aus motiviert. Wenn ein Mitarbeiter nicht motiviert ist, so kann die Führungskraft schließen, dass der Mitarbeiter demotiviert wurde. Es macht daher überhaupt keinen Sinn, den Mitarbeiter motivieren zu wollen. Das könnte sogar kontraproduktiv sein. Wenn man dem Mitarbeiter erzählt, wie toll alles doch eigentlich ist und nicht darauf eingeht, dass er offensichtlich ein Problem hat, wird sich dieser Mitarbeiter seinen Teil denken …
   Anstatt am eigentlichen Problem vorbei zu motivieren, muss die Führungskraft zusammen mit dem Mitarbeiter die Ursachen der Demotivation

ergründen und Maßnahmen definieren, die Demotivationsfaktoren zu beseitigen. Dabei sollte man in Betracht ziehen, dass ganz oben auf der Liste der Demotivationsfaktoren das Verhalten des direkten Vorgesetzten steht. Wenn die Führungskraft ein Anti-Demotivationsgespräch mit dem Mitarbeiter führt, so sollte sie zu allererst hinterfragen, inwieweit das eigene Verhalten zur Demotivation des Mitarbeiters beigetragen hat.

2. Damit der Mitarbeiter Selbstwirksamkeit erfahren kann, muss man ihm den entsprechenden Handlungsspielraum einräumen. Die Führungskraft muss Aufgaben delegieren, den Mitarbeiter in Entscheidungen einbinden, ihm Vertrauen entgegenbringen und ihm auf keinen Fall in den übertragenen Handlungsrahmen hineinregieren. Letzteres würde zur Demotivation des Mitarbeiters führen und ihn außerdem aus der Verantwortung nehmen.

3. Um dem Mitarbeiter zu ermöglichen, Selbstwirksamkeit immer wieder aufs Neue zu erfahren, muss die Führungskraft den Mitarbeiter weiterentwickeln und entsprechend fördern, damit er immer neue Herausforderungen mit steigendem Schwierigkeitsgrad annehmen kann.

Nun kann man einwenden, dass es auch Mitarbeiter gibt, denen alles egal ist, die keine Herausforderungen suchen und sich auch nicht weiterentwickeln wollen. Dies schiebt man dann häufig auf die Persönlichkeit des Mitarbeiters. So einfach sollte man es sich nicht machen. Stattdessen kann man mit an Sicherheit grenzender Wahrscheinlichkeit davon ausgehen, dass das Verhalten eines solchen Mitarbeiters durch dessen Wahrnehmung der Unternehmenskultur (siehe „Schatten der Zukunft") begründet wird.

In der Literatur findet man Motivationsmodelle unterschiedlicher Komplexität. Für uns reicht es an dieser Stelle, zwischen intrinsischer und extrinsischer Motivation zu unterscheiden.

Wir sprechen von intrinsischer Motivation, wenn der Mitarbeiter um des Zieles selbst Willen ein Unternehmensziel erreichen will. Einem extrinsisch motivierten Mitarbeiter muss man ein Ersatzziel anbieten, weil er sich für das eigentliche Unternehmensziel nur wenig interessiert. Ein solches Ersatzziel wäre ein Bonus im Falle der Zielerreichung beziehungsweise eine Sanktion, sofern das Ziel verfehlt wird.

In einer Kooperationskultur ist vom Verknüpfen von Zielen mit Boni abzuraten. Wenn man dafür sorgt, die demotivierenden Faktoren abzustellen und somit hauptsächlich intrinsisch motivierte Mitarbeiter im Unternehmen hat, deren Fokus also auf das Erreichen des eigentlichen Unternehmensziels gerichtet ist, so würde man durch Verknüpfen eines Bonus mit dem Ziel, den Fokus vom Unternehmensziel auf das Ersatzziel, den Bonus, verschieben. Dies wäre, vorsichtig gesagt, unklug.

Unabhängig davon kann eine als unfair empfundene Bezahlung zur Demotivation beitragen. Sofern sich dies in Phase 2 des TransKooptions®-Prozesses als Motivations- und somit als Kooperationshemmer herausgestellt hat, sollte man das Vergütungssystem einer gründlichen Prüfung unterziehen, wobei man den Fokus auf Kennzahlen zur Team- und Unternehmensleistung, anstatt auf die persönliche Leistung legen sollte.

5.3 Zielvereinbarung

Im Abschn. 4.4 haben wir gesehen, dass unklare Aufgaben eine der häufig vorkommenden kooperationshemmenden Faktoren sind. Daraus folgt, dass man Ziele klar und eindeutig vereinbaren muss.

Die Kriterien, die ein solches Ziel erfüllen muss, lauten
Spezifisch: Es muss eindeutig festgelegt werden, was erreicht werden soll.
Messbar: Ob und in welchem Ausmaß ein Ziel erreicht wurde, muss messbar sein.
Akzeptiert: Ziele werden verhandelt, nicht vorgegeben. Die Begründung dafür folgt weiter unten. Aus diesem Grunde muss der Empfänger des Ziels dieses explizit akzeptieren. Anders gesagt, dem Mitarbeiter muss die Möglichkeit eingeräumt werden, das Ziel abzulehnen.
Realistisch: Beide Parteien müssen sich darüber einig sein, dass das Ziel realistischerweise erreicht werden kann.
Terminiert: Ein Ziel muss immer mit einem Termin versehen sein.

Warum muss ein Ziel vom Mitarbeiter akzeptiert werden? Wenn sich Führungskraft und Mitarbeiter auf Augenhöhe begegnen, kann der eine den anderen nicht zu etwas zwingen. Davon abgesehen: Wenn ein Mitarbeiter ein Ziel ablehnt und man würde in den autoritären Führungsstil zurückfallen und ihn dazu zwingen, so kann man natürlich nicht erwarten, dass der Mitarbeiter intrinsisch motiviert wäre, das Ziel zu erreichen. Man könnte also nur mit extrinsischer Motivation arbeiten, womit man sich auf dem besten Weg zu einer Wettbewerbskultur befände (mit allen daraus resultierenden Nachteilen, wie sinkender Produktivität und Mitarbeiterzufriedenheit und höheren Krankenständen). Wenn man

keinen Mitarbeiter findet, der das Ziel akzeptieren würde, so sollte man sich zwei
Fragenkomplexen stellen:

1. a) Sind meine Mitarbeiter überhaupt intrinsisch motiviert?
    b) Wenn nein, was demotiviert sie?
2. Wenn man 1. a) mit „ja" beantworten kann, lautet die nächste Frage: Wenn
    niemand das Unternehmensziel akzeptiert, ist es dann überhaupt sinnvoll?
    Schließlich sind die Mitarbeiter fachliche Spezialisten und wissen über die
    Details oftmals mehr als die Führungskraft, die das Ziel definiert hat.

Es gibt außer der kooperationsfördernden, klaren Aufgabenstellung auch noch
einen weiteren Grund, warum man SMARTe Ziele vereinbaren sollte: Wenn ein
Ziel SMART definiert wurde, so ist die Feststellung, ob und in welchem Ausmaß
es erreicht wurde, nicht vom Gutdünken der Führungskraft abhängig. Häufig werden schwammig formulierte Ziele bewusst oder unbewusst von Führungskräften
dazu genutzt, um ein Abhängigkeitsverhältnis des Mitarbeiters zur Führungskraft
herzustellen. Dies ist ganz besonders dann der Fall, wenn die Zielerreichung an
einen Bonus geknüpft ist. Auf diese Weise können sich schwache Führungskräfte
die Mitarbeiter gefügig machen. Wer eine von der Meinung der Führungskraft
abweichende Meinung vertritt – was in einer Kooperationskultur ausdrücklich
erwünscht ist –, wird später bei der Feststellung der Zielerfüllung schon sehen,
was er davon hat.

Neben der klaren Aufgabenstellung ist die SMARTe Zielvergabe eine Frage
der Augenhöhe, der Fairness zwischen Führungskraft und Mitarbeiter.

Des Weiteren unterstützt die Führungskraft den Mitarbeiter auf dem Weg zur
Zielerreichung. Dies kann durch Zwischenstandgespräche geschehen, in denen
sich Führungskraft und Mitarbeiter gegenseitig über den aktuellen Stand informieren, gemeinsam aus gemachten Fehlern lernen, Strategien zur Bewältigung
der vor ihnen liegenden Aufgaben entwickeln, wobei die Führungskraft hinterfragt, was ihr Beitrag sein könnte, besonders in Fällen, in denen sie ihre
Erfahrung und ihr Netzwerk einbringen kann.

Unmittelbar nach dem bei der Zielvergabe festgelegten Termin folgt ein Ziel-
erreichungsgespräch, in dem der Grad der Zielerfüllung anhand messbarer Kriterien festgestellt und gemeinsam aus den Erfahrungen gelernt wird. Dabei gibt
die Führungskraft dem Mitarbeiter eine ausführliche Rückmeldung über dessen
Stärken und Schwächen. In diesem Zusammenhang schlägt sie Maßnahmen vor,
die Stärken weiter zu entwickeln und die Schwächen in den Hintergrund treten zu
lassen.

5.4 Konfliktmanagement

Wie wir in Abschn. 4.4 bereits erwähnten, ist das Management von Konflikten eine der größten Herausforderungen im Führungsalltag. Konflikte eskalieren häufig, weil die Parteien ohne jedes Konzept, geleitet durch ihre Emotionen agieren. Konflikte kann man mit Gewalt oder durch Verhandlungen lösen. Speziell in Unternehmen verhandelt man praktisch den ganzen Tag, sei es mit den Mitarbeitern, den Kollegen, dem Vorgesetzten, den Kunden, den Lieferanten oder Vertretern der Öffentlichkeit.

Folglich stellt sich uns nun die Frage, ob es eine optimale Verhandlungsstrategie gibt, d. h. wie viel sollte man einfordern und wie viel sollte man dem anderen zugestehen? Verhandeln ist also eine Frage des Gebens und Nehmens. Verhandlungen sind Nichtnullsummenspiele: Es können beide gewinnen, beide können verlieren (Verhandlungsabbruch) oder der eine kann den anderen über den Tisch ziehen. Wir können die möglichen Verhandlungsergebnisse also ebenfalls durch die Tabelle in Abb. 3.2 beschreiben.

Die optimale Strategie in diesem Zusammenhang ist das fremdbezogene Geben. Folglich liegt es nahe, uns bei der Suche nach der optimalen Verhandlungsstrategie an der Frage zu orientieren: Wie verhandelt ein fremdbezogener Geber?

Unabhängig vom Thema Reziprozität formulierte der Rechtswissenschaftler Roger Fisher zusammen mit William Ury eine Verhandlungsstrategie in ihrem Buch „Getting to Yes", das zwei Jahre später in deutscher Sprache unter dem Titel „Das Harvard-Konzept" erschien (Fisher/Ury/Patton, 2000). Das Konzept beruht auf dem Harvard Negotiation Project der Harvard-Universität. Es ist ein Teil des Program on Negotiation der Harvard Law School und gilt als die beste Methode, erfolgreich zu verhandeln.

Das Harvard-Konzept ist keine Botschaft über die Moralität von richtig und falsch, es beschreibt Verhaltensstrategien im Umgang mit anderen in der Kommunikation und in Verhandlungen. Das Konzept baut auf der Überzeugung auf, dass das Entwickeln von tragfähigen Lösungen und einer konfliktfreien Kommunikation nur dann Erfolg hat, wenn die Interessen aller Beteiligten berücksichtigt werden. Die Konzentration hierauf fördert die Zufriedenheit und führt nicht auf Konfliktfelder, die nur Energie kosten und häufig keine Gewinner hervorbringen.

Wie wir sehen werden, besteht ein direkter Zusammenhang zwischen der oben gestellten Frage nach dem Verhandlungskonzept eines fremdbezogenen Gebers und dem durch jahrzehntelange empirische Studien entwickelten Harvard-Konzept.

Verhandelt werden immer zwei Dinge: die Sache und die Beziehung. Hartes, unnachgiebiges Beharren auf der eigenen Position kann zu einer ebenso harten Antwort des anderen führen, was der Beziehung nicht unbedingt zuträglich ist. Wie würde ein Nehmer in einer Verhandlung bezüglich Beziehung und Sache vorgehen? Er möchte in der Sache den maximalen Profit für sich herausholen und fordert deshalb Zugeständnisse in der Sache als Preis für eine gute Beziehung. Er berücksichtigt ausschließlich seine eigenen Interessen. Fisher et al. nennen dies die „harte" Verhandlungsmethode. „Wenn Sie mir da nicht entgegenkommen, wäre ich von Ihnen sehr enttäuscht", wäre ein typischer Satz eines Nehmers. Kleine Nebenbemerkung: Verhandlungen eigenen sich hervorragend, um den Reziprozitätstyp des anderen herauszufinden.

Ein selbstloser Geber – er kann nicht „Nein" sagen, er ist harmoniebedürftig – macht Zugeständnisse in der Sache, um die Beziehung nicht zu gefährden. Er fokussiert sich auf die Interessen des anderen, um Letzterem gerecht zu werden. Dies wurde als die „weiche" Verhandlungsmethode von Fisher et al. bezeichnet.

Ein fremdbezogener Geber verhandelt weder ausschließlich hart noch weich, sondern hart und weich zugleich: hart in der Sache und weich in der Beziehung. Er berücksichtigt die Interessen des anderen, um ihm gerecht zu werden, lässt sich aber nicht über den Tisch ziehen, d. h. er gibt seine eigenen Interessen dabei nicht auf. Um diesen Spagat hinzubekommen, trennt der fremdbezogene Geber die Beziehung von der Sache. Versuche des anderen, immer wieder die Beziehung ins Spiel zu bringen kontert er, indem er dies ignoriert und sogleich die Sachfrage in den Fokus rückt. Wenn immer wieder aufs Neue persönliche Angriffe von der anderen Seite erfolgen, macht der fremdbezogene Geber die Art und Weise, wie man miteinander umgeht, zum Gegenstand der Verhandlung. Dies führt meist beim anderen zur Einsicht, dass persönliche Angriffe kontra-produktiv sind, das gemeinsame Ziel zu erreichen: ein für beide Seiten akzeptabler Verhandlungsabschluss. Dieses Vorgehen wird als sachbezogenes Verhandeln bezeichnet.

Damit haben wir die erste Regel des Harvard-Konzeptes:

1. Beziehung und Sache getrennt verhandeln. In der Verhandlung keine Vermischung zulassen
In einer Verhandlung nehmen beide Parteien zuerst bestimmte Positionen ein, die zunächst nicht miteinander kompatibel sind. Wenn es zum Beispiel um einen Kaufpreis geht, kann man dieses Problem durch mühsames Feilschen lösen. Das ist jedoch nicht effizient und es kann die Beziehung durchaus negativ beeinflussen.

Statt sich in der Verhandlung auf die Positionen zu konzentrieren, legt der fremdbezogene Geber den Fokus auf die Interessen. Das sind die Beweggründe, die zur Einnahme der Positionen geführt haben. Dabei konzentriert er sich sowohl auf das Fremdinteresse, als auch auf das eigene Interesse. Seine Verhandlungsstrategie besteht daher darin, erstens die hinter der Position stehenden Interessen des anderen zu hinterfragen und zweitens, die eigenen Interessen offen zu kommunizieren. Wie wir in Abschn. 3.3 gesehen haben, lautete eine der vier Erfolgsfaktoren des fremdbezogenen Gebers (=TfT), dass seine Strategie berechenbar ist. Der andere weiß immer ganz genau, woran er bei seinem Gegenüber ist. Dazu passt dann das Kommunizieren der eigenen Interessen, während er nur dann seinen primären Fokus auf das Fremdinteresse legen kann, wenn er es hinterfragt.

Damit lautet die zweite Regel des Harvard-Konzepts:

2. Interessen statt Positionen verhandeln
Diesen Sachverhalt kann man an folgendem Beispiel verdeutlichen:

Im Jahre 1967 gewann Israel den 6-Tage-Krieg gegen mehrere arabische Staaten, unter anderem gegen Ägypten. Die israelische Armee rückte bis zum Suezkanal vor und hielt das Land zwischen dem Kanal und der israelischen Grenze, der Sinai-Halbinsel, besetzt.

Elf Jahre später, im Jahre 1978, befanden sich Ägypten und Israel immer noch im Kriegszustand. Die Verhandlungen von Camp David sollten den Frieden bringen.

Hätte nun die eine Seite die Verhandlungen damit begonnen, der anderen Seite Vorwürfe zu machen und ihr die Kriegsschuld zuzuweisen, d. h. die Beziehung ins Spiel zu bringen, so hätte die Verhandlung höchstwahrscheinlich ein schnelles Ende gefunden. Was hätte das auch bringen sollen? Kann man erwarten, dass die andere Seite zustimmt, alle Schuld auf sich lädt und zugibt, die „Bösen" zu sein?

Ägypten vertrat die Position, die Sinai-Halbinsel zurück haben zu wollen. Israels Position war, die Sinai-Halbinsel zu behalten. Diese beiden Positionen schließen sich grundsätzlich aus. Hätte man sich auf diese Positionen konzentriert, wäre kein Verhandlungserfolg möglich gewesen. Also hinterfragte man die Interessen. Das Ergebnis: Die Sinai-Halbinsel war seit der Zeit der Pharaonen ägyptisches Gebiet und von Ägyptern besiedelt. Diese Landsleute mussten nun unter Israelischer Fremdherrschaft leben – für Ägypten ein unhaltbarer Zustand, verbunden mit einem erheblichen Gesichtsverlust zumindest innerhalb der arabischen Welt. Für Israel bedeutete die Sinai-Halbinsel Sicherheit. Sollte noch mal ein Krieg mit Ägypten ausbrechen, dann stünden die ägyptischen Truppen nicht gleich an der israelischen Grenze, sondern sie müssten erst die Sinai-Halbinsel durchqueren. Man würde den Gegner rechtzeitig kommen sehen, um entsprechende Gegenmaßnahmen zu ergreifen.

Während man die Positionen (beide wollen die Sinai-Halbinsel) niemals unter einen Hut bekommen könnte, kann man dies bei den Beweggründen hinter den Positionen, also den Interessen, sehr wohl.

Nachdem die beidseitigen Interessen bekannt sind, kann man kreativ werden und sich Optionen überlegen, die für beide Seiten zu einem Gewinn führen (dies entspricht den jeweils drei Punkten im oberen linken Quadranten von Abb. 3.1). Damit sind wir bei der dritten Regel des Harvard-Konzepts:

3. Optionen auf beidseitigen Gewinn transparent machen
Im Falle der Verhandlungen von Camp David lauteten diese für beide Seiten akzeptablen Optionen: Israel gab die Sinai an Ägypten zurück, womit dem ägyptischen Interesse, dass kein Ägypter unter Fremdherrschaft leben soll, Genüge getan war. Im Gegenzug richtete Ägypten eine hinreichend tiefe demilitarisierte Zone entlang der israelischen Grenze ein, um das israelische Sicherheitsinteresse zu befriedigen.

Falls man in einer Verhandlung keine Optionen entwickeln kann, um die beidseitigen Interessen zu befriedigen, so gibt es eine letzte Möglichkeit, um einen objektiv fairen Ausgleich von Fremd- und Eigeninteresse zu finden: man zieht objektive Kriterien heran, womit wir bei der vierten Regel des Harvard-Konzeptes wären:

4. Objektive Kriterien heranziehen
Beispiele für solche objektiven Kriterien wären bei einem Autokauf die Schwacke-Liste oder eine Prüfung, zu welchem Preis das entsprechende Modell mit dem Baujahr und der Laufleistung bei mobile.de gehandelt wird. Bei einem Grundstückskauf können Bodenrichtwerte herangezogen werden, weitere objektive Kriterien wären Gerichtsurteile, Präzedenzfälle oder der Rückgriff auf die Ergebnisse einer ähnlichen Verhandlung.

Das Harvard-Konzept liefert zusätzlich eine Empfehlung, was denn zu tun ist, wenn die Regeln 1–4 nicht greifen, wenn also immer noch keine Einigung absehbar ist. Diese Empfehlung entspricht wiederum exakt dem Verhalten des fremdbezogenen Gebers, der sich nicht ausnutzen lässt.

Wenn die Regeln 1–4 nicht greifen, sollte nicht versucht werden, ein Verhandlungsergebnis um jeden Preis zu erzielen. Stattdessen sollte man in diesem Fall die Verhandluvwng abbrechen, je nach Situation mit dem Hinweis, dass man den Eindruck hat, dass der andere zurzeit nicht zu einem konstruktiven Verhandlungsabschluss bereit ist und man sich über eine erneute Kontaktaufnahme freuen würde, sobald sich dies ändert.

Zusammenfassung 6

Wir konnten zeigen, dass sich eine Kooperationskultur im Vergleich zu einer Kultur des unternehmensinternen Wettbewerbs dadurch auszeichnet, dass die Produktivität gesteigert wird, die Mitarbeiterzufriedenheit und somit die Loyalität zum Unternehmen zunimmt, die intrinsische Motivation der Mitarbeiter gefördert wird und sogar die Krankenstände gesenkt werden (Abb. 6.1).

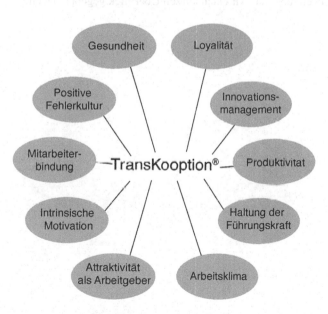

Abb. 6.1 Eigenschaften einer Kooperationkultur. (Quelle: eigene Darstellung)

© Springer Fachmedien Wiesbaden GmbH, ein Teil von Springer Nature 2019
T. Kottmann und K. Smit, *Von einer Wettbewerbs- zu einer Kooperationskultur,*
essentials, https://doi.org/10.1007/978-3-658-23603-8_6

Mit rationalen Argumenten kann man sich daher einer Kooperationskultur nicht verschließen. Umso erstaunlicher ist es, dass diesem Thema in vielen Unternehmen noch immer recht wenig Beachtung geschenkt wird. Die Ursache dafür mag darin begründet sein, dass oftmals eine erhebliche Diskrepanz zwischen dem Selbstbild, das das Topmanagement zur eigenen Unternehmenskultur pflegt, und der Realität besteht.

Schließlich gehört eine Portion Mut dazu, sich der möglichen Kritik zu stellen, die bei einer objektiven Bestandsaufnahme des Zustandes der Unternehmenskultur vorgebracht werden könnte. Andererseits haben wir die Erfahrung gemacht, dass genau dieser Mut von allen Beteiligten honoriert wird.

Um eine Kooperationskultur zu etablieren und aufrecht zu erhalten, bedarf es eines geplanten Vorgehens in Form eines strukturierten Prozesses. Einen solchen Prozess, den wir TransKooption® nennen, haben wir in diesem Büchlein vorgestellt inklusive der dazu notwendigen Werkzeuge.

Unabdingbare Voraussetzung für den Erfolg dieses Prozesses ist es jedoch, dass die Führungskräfte aller Hierarchieebnen die zu einer kooperativen Führung notwendige innere Haltung entwickeln und über das entsprechende Handwerkszeug verfügen, über das wir einen kurzen Überblick gegeben haben.

Literatur

Axelrod, Robert (2009), Die Evolution der Kooperation, De Gruyter Oldenbourg, 7. Aufl., München

DAK Gesundheit (2017), Gesundheitsreport, Hamburg

Dawkins, Richard (2007), Das egoistische Gen, Springer Spektrum, 2. Auflage

Fisher et al. (2000), Das Harvard-Konzept, Campus Verlag, 21. Aufl., Frankfurt am Main

Grant, Adam (2013), Geben und Nehmen: Warum Egoisten nicht immer gewinnen und hilfsbereite Menschen weiterkommen, Droemer Verlag, München

Hauser, Marc (2007), Moral Minds, Harper Perennial, New York

Kottmann, Thomas und Smit, Kurt (2014), Führungsethik, Springer Verlag, Wiesbaden

Smit, Kurt (2017), Der Einfluss des Kooperationsverhaltens auf den Unternehmenserfolg – Eine spieltheoretische Analyse, Guppe, Interaktion, Organisation, 48, Nr. 1, Wiesbaden

© Springer Fachmedien Wiesbaden GmbH, ein Teil von Springer Nature 2019
T. Kottmann und K. Smit, *Von einer Wettbewerbs- zu einer Kooperationskultur,*
essentials, https://doi.org/10.1007/978-3-658-23603-8

Printed in the United States
By Bookmasters